悩みを消して、
願いを叶える

龍神ノート

小野寺S一貴

PHP

ある日、目が覚めて
リビングへ向かうと
テーブルの上に見たことのない
1冊の〝ノート〟が置いてあった……。

おまえ、変わりたいかね？

また、本を読んで、
その場限りのやる気を出して終わるのか？

良いと思っているのに、
なぜやらん？
人生なんて、「あっ！」という間に終わっ
てしまうがね。

どこからか響いてくる声。

今のままで良いというなら、
このノートを閉じるがね。
しかし、変わりたいと願うならば、
我が術《すべ》を教えてやろう。
さあ、このノートを開くがね。

悩みを消して、
願いを叶える
龍神ノート

その歴史は古く、紀元前までさかのぼる。大陸で生まれたその生き物は海を渡った。

日本でもすでに弥生時代から記録が残され、今なお数多くの絵画や建造物でその姿を目にすることができる。

皆が畏《おそ》れ、憧れ、そして敬《うやま》った。

その伝説の生き物の名は「龍神」。

そんな伝説の「龍神」が突然、僕たち夫婦の前に現れた……。

「我は龍神だがね。守っているヤツがダメダメだと我の格も疑われるのだよ。だからおまえたちを鍛《きた》え直しにやってきたがね」


その龍神の名はガガ。話す言葉はどういうわけか、名古屋弁風。

ダメダメだった僕たちは、ガガの教えをしぶしぶ実践していった。

すると……。あらあら不思議、これまで滞《とどこお》っていた問題がするすると解決し、家族の仲も良くなり、大きな仕事もどんどん入ってくるようになったではありませんか。


そんな僕たち夫婦が次にガガに与えられたのが、

『悩みを消して、願いを叶える　龍神ノート』

だったのです。

はじめに

これは書き込むだけで龍神とつながるちょっとすごい本です

「たくさんの龍神が人間とコンビを組みたいといっているがね！」

部屋に響く我らが龍神様の声。その名はガガ。

「わかってます。だから僕たちもガガさんの教えを広めるためにですね……」

「おまえの言い訳はいらんがね、全く。くどくどくどくど……」

今日も朝から説教をされる僕の名前は小野寺《おのでら》Ｓ一貴《すかずたか》。通称タカ。とはいえガガとの会話は直接できません。じゃ、どうしているかというと。

「もう！　ガガは朝からうるさいわね！」。寝起きの我が妻、ワカ。相変わらずのカスカス声です。そう、ガガは妻ワカに付いている龍神様で、ガガとの会話はすべて妻を介して行われています。

しかし今日のガガさんはなにやらいいたいことがあるようで……。

「今、龍神を意識してくれる人間が増えている。うれしいがね。我々もわいわいと盛り上がっているのだ！」

龍神界もどうやら活気が出ているようだ。**なんといっても龍神は神様の使いとして人間と神様の間をとりもってくれる重要な存在**だ。**その龍神を味方に付ければ神様に願いを届ける量もスピードも格段に上がる。**願いを叶えて幸せになってくれる人が増えたら単純にうれしい。

「しかしだ！」。ガガが強い口調で続ける。

「意識してくれるのはうれしいが、なかなかコンビを組めるところまではいかんのだ」

なに？　それは聞き捨てならない話だ。僕はガガの話に耳を傾ける。

「**龍神とコンビを組むには『祈り』をしたり、『ワクワクした魂』を持っていたりしなければダメ**だがね」

「そういう魂が龍神さんの栄養になるんですもんね」

今から８００年ほど前の鎌倉時代に作られた基本法である「御成敗式目《ごせいばいしきもく》」。これは学校で習ったことがあるだろう。その第一条に次のような一文がある。

「神は人の敬ひによりて威を増し、人は神の徳によりて運を添ふ」

つまり、**神様は人間の敬いの気持ちによって力を増す**のだという。まさにガガがいっていることそのままだ。日本人は昔からそれを実行し、龍神や神様の助けを借りてきたという証《あかし》である。

「しかし、今そんな我々の栄養になる魂の持ち主が減っているのだ。そこで我々龍神は会議を開いて検討した」

龍神会議？ それは興味深い。はたして龍神会議で出た結論は。

「**意識するだけでなく、実際に行動を起こしてもらうしかないという結論に至った**がね」

「行動？」

「さよう。おまえ、『祈る』の本当の意味を知っているかね？」

「そのくらい知ってるわよ！」

失礼な、とばかりにワカはパンパンと柏手《かしわで》を打つと「かしこみ〜、かしこみ〜」と神棚に向かって祈り始めた。それを呆《あき》れ顔で眺《なが》めていたガガが残念そうに息を吐く。

「だからおまえたちはバカだといったのだ。『いのる』は意を宣《の》る、という意味。**つまり自分の意思を宣言することを指す**」

「え。そういう意味なの？」

「宣言するといっても、言葉だけでなく、**目標に向けてがんばって行動する姿だって龍神から見れば立派な『祈り』なのだよ。**試験に合格したいと願い、勉強している姿を見れば『こいつは試験に合格したいんだな』と伝わるのだ」

なるほど、僕は手を叩いて声を上げた。「だから龍神に伝わる行動をしろ、と」

僕の一言にガガの瞳の奥がキラリと光る。

「その通り。**我々はそれを『書く』という行動で祈りにつなげようと目論《もくろ》んだ**のだよ！そこで、書けばたちまち龍神とつながれるこのノートをおまえたちに授《さず》けるがね！」

ガガの核心を突いた言葉が朝の澄んだ空に響く。


と、いうわけで『悩みを消して、願いを叶える 龍神ノート』をここでお披露目《ひろめ》したいと思います。ある時、ガガに聞かれたことがあります。

「**やると良いことは明白なのに、なぜ人間はしないのだ？**」と。

今、たくさんのビジネス書が出ています。そこには成功した人の行動や秘訣《ひけつ》が書かれていますよね。だけどそれを読んでわかった気になって、実際に行動に移していない人が多いんだそうです。そこで、ガガに提案されたのが本書のノート術です。

本書に実際に書き込むという行動自体がすでに「龍神とコンビを組みたい」「龍神と仲良くなって願いを叶えたい」という祈りの行動になります。そう、「**本書にあるノート部分に書き込むだけで、もう一歩目を踏み出している**」んです。

それが本をただ読むのとは大きく異なる点です。加えて「龍神好みの魂になれる」ことで、**龍神とコンビを組むために必要な条件が自然に満たせる作り**になっています。

しかも本書では、あの龍神ガガが直々に指導してくれるわけですから、龍神とコンビを組めないわけがありません。

「ですよね？」

「もちろんだがね！」

ガガがそういうと、

「私もご協力致します」

黒龍が颯爽《さっそう》と現れた。

※黒龍は僕に付いている龍神様だ。かつて頭も心も固く、そんなマズい魂は喰《く》えんと、龍神様に見放された僕の前に現れたのが黒龍だった。僕と同じで頭が固く、他の龍神の意見を聞かずに一人ぼっちで、色はどんどん暗くなり消えかけていた落ちこぼれの龍神様。僕が成長してウマい魂になり、栄養を与えないと消滅してしまう。僕も黒龍を復活させなければ他に付いてくれる龍神がいなくなってしまう。そんな崖っぷちから一緒に這《は》い上がった仲だ。もともと頭が固かったせいか理論的な説明は得意なので僕たちも助かる。

「では、ガガさん、黒龍さん。よろしくお願いします！」

龍神は人の願いを叶えたくてたまらない

「龍神ってなんですか？　龍神とコンビを組むと、どんな良いことがあるんでしょうか？　読者のみなさんもまずそれが知りたいと思うんですが」

最初に根本的なことを聞いてみる。そもそも龍神が僕たちに何をしてくれるのか？　それを知らなければ関係は築けない。するとガガが説明を始めた。

「**一言でいえば我々は『神様の使い』**なのだ。眷属《けんぞく》とも呼ばれるがね。神社にいる、獅子《しし》、狛犬《こまいぬ》、狐《きつね》なんかがそれだがね」

「神様の部下ってことですか？」。腕を組んで僕は尋ねる。

「さよう。そしてその**眷属の中で最も力があるのが我たち龍神**なのだ。会社でいえば幹部ってところさ」。エッヘンと胸を張るガガ。見えないけれど、そんな空気を感じる。

「そんな**我々龍神の仕事は神様と人間の間をつなぐこと。人間の願いを神様に届けたり、神様の命令を受けて人間の願いを叶えるサポートをしたり、常に人間と神様の間を行き来している**のだ」

「じゃあ龍神と仲良くなれば、私の願いを率先して神様に届けてくれるわけね？」

ふふふ、と不敵な笑みを浮かべてワカがいった。

「神様同士の連絡係も我たちの役割だ。なんせ日本の神様はビックリするほど多くいて、それぞれ性格も違えば得意分野も違う」

「得意分野でなければ願いは叶えられないんでしょうか？」

僕が問うとガガは呆れたように、

「タカ、だからおまえはバカなのだよ」といい放った。バカで悪かったですね。

「ある神様が『この人間の願いを叶えてやろう』となった時に自分の得意分野じゃなかったとする。そんな時は龍神が連絡役となって、その分野が得意な神様に助けを求めたりもするのだ。『こいつの願い、よろしくな！』という具合にな」

それはうれしい話だ。

「そんな我々龍神のエネルギー源は人間のワクワク弾んだ魂だ。そんな魂の人間とコンビを組めたら神様に運べる願いごとも増え、人間の願いの叶い方も早くなる。結果として皆が幸せになるのだ。どうだね、お得だろう」

これは実際に僕たちが体験したことだからいえるが、龍神に後押ししてもらってからの物事の展開はものすごかった。あれよあれよという間に本が売れ、いつの間にやらベストセラーに。執筆やメディアからのオファーが増え、良い情報が集まり、仕事の幅がグンと広がった。何よりあきらめていた様々な問題が解決したのだから、龍神のすごさは自信を持って証明できる。

……。だが、ガガが一瞬考え込むように言葉を切った。どうしたというのだろう？

「ガガさん、どうかしました？」

「うむ。今は龍神ブームでずいぶんとワクワクした魂も増えた。龍神に好かれるヤツも実際増えているのだよ」

「なら、いいじゃないですか」

「問題はその先だがね」。その先？

「我々龍神は働いてナンボなのだ。元気な魂に比例して食べ物が増えるのはうれしいが、満足できる働き場がないのは悲しいのだよ！」

ガガが悲痛な声を上げた。どうやら切実な話のようだ。

「龍神たちは激しく働きたいのだ！　本来の仕事をしたいのだよ。人間の崇高《すうこう》な願いをサポートし、助けるために働きたいがね。快感を得られる達成感が欲しいのだ！」

つまりこういうことだ。龍神ブームで意識されることが多くなり、ワクワクする魂も増えた。おかげで食事にもありつけるようになったが、その実、人間がのし上がるための大きな目標を持たないため、そこで終わってしまい、暴れ回る場がない。

確かに神様も龍神もただ人間と友達になりたいわけではない。人間を助け、成長するサポートをするために存在するということを忘れてはいけない。

「その点、我は良かったがね。さあ、おまえが欲しいのは何かね？　金か？　権力か？　それとも……」

「そりゃー、私はお金も才能も欲しいわ〜」。ガガ&ワカ、息はピッタリである。

すると、ここで突然声が上がった。

「ガガさんのその考えに、私は反対です！」

黒龍である。

「**世の中は常に上を目指している人ばかりではありません。日々を平穏に過ごせれば、それで幸せという人も大勢いる**のです」

「確かに。戦国時代じゃあるまいし、上を目指してガツガツする人ばかりだと殺伐《さつばつ》とした世の中になっちゃうかもしれませんね」。うんうん。なんか納得する。

「ですから私たち龍神も、人間のニーズに合わせることが必要ではないでしょうか？　これからはお互いが手を取り合う時代です。どうすれば相互に良い結果になるか、を考えれば良いのです」

なんと！　龍神側から人間への歩み寄りの提案。これは僕たち人間が要求できることではない。さすが黒龍さん、僕は心の中でエールを送る。

「ガガさん。そこで、人間のニーズに合わせ、この本では、章ごとにテーマを作ってはいかがでしょうか？　人間には癒しを求めている人も多いです。それに私たちの好むワクワクした魂になるためにもストレスの根を取り除くことは必要です」

それはいい。

「まずストレスの根を取り除いて、心を癒してもらう。下地を作った上で龍神とコンビを組むためのワークをやれば、効果も格段に上がるというものです」

さすが僕に付いている龍神だ。実にわかりやすい。

「まず、**みそぎの章で、ストレスの原因を取り除き、癒しの章で心を安定**させましょう。そして**加速の章で私たち龍神との絆《きずな》を深める**のです」

「あと、お金の章も欲しいわね。やっぱりお金は大事だもの」

ワカ露骨過ぎ。
「では**サプリメントとしてお金の章**も作りましょう」
黒龍もノッてきた。こういうノリは大切だ。

これから龍神とコンビを組むために必要な行動を龍神ワークとして「みそぎ」「癒し」「加速」の三章立てでお伝えしていきます。

本来ならそれで充分なのですが、今回は更に効果を実感したい人のために特定のご利益を得られるように「お金の流れを良くする」ための章と「不安を解消する」ための章も追加しました。これはいわば補助食品的な龍神サプリメントです。お金に恵まれたい時や不安になった時にご活用ください。それに妻ワカが推奨する龍神好みの魂を作る龍飯レシピも最後の章にご用意しました。

本書を読んで実行した一つひとつの行動が必ずあなたと龍神との距離を縮め、あなたの願いを後押ししてくれるパートナーになってくれるはずです。

本書の登場人物

ワカ

小野寺S一貴
（タカ）

龍神ガガ

黒龍

本書の使い方

本書には書き込み式のノートページがあります。
下記のようにご使用ください。

①ノートのメインテーマを記しています。

「五感鍛練法」ノート（例）

②空欄に自分のことを書き込みましょう。

※すべて目をつむって、挑戦してみましょう。

嗅覚

鼻が詰まっている人は、一度鼻をかみ、鼻に意識を集中させてください！

・近くに飾っていた花のにおい
・焼きたてのトーストの香ばしい香り
・洗濯物からするお日さまのにおい

聴覚

集中して周りの音に耳を澄まして、聞こえる音を書いてみましょう！

・つばを飲み込んだのどの音
・家の付近を通ったトラックの音
・小さい羽虫がはばたく音

味覚

毎日の食事、家にあるおやつを味わってみてください！

・舌にのせた時の塩味
・かんだ時のほのかなポテトの焦げた苦味
・細かく歯でくだいた時に強くなる味

※例）ポテトチップス、うすしお味。

触覚

近くのものを触って、その感触を確かめてみましょう。

※例）棚に置いてあるマトリョーシカ。

・周りはつるつるで、先端は丸みを帯びている
・真ん中あたりにつなぎ目があり、少し太くなっている
・底は楕円形で安定感がある

やってみて感じたことを心のままに書いてみましょう。

気付かない音や感覚がこんなにあるなんて驚いた。

☆POINT：
心を落ち着けて、集中していると普段聞こえない音がよく聞き取れます。

③書く時に、特に注意してもらいたい点を記しています。

悩みを消して、願いを叶える　龍神ノート　目次

はじめに

・これは書き込むだけで龍神とつながるちょっとすごい本です　10
・龍神は人の願いを叶えたくてたまらない　16
・本書の登場人物／本書の使い方　22

1 みそぎの章——ストレスの原因を根本から取り除く　29

・同じ出来事でも、ハートの状態で感じ方は違う　30
・心に積もったストレスほこりの大掃除術　32
・脳がやる気を出すご褒美をあげよう　40
・人間関係は魂レベルの成長で大きく変わるし変えられる　46
・あなたの怒りの正体は？「出さない手紙」でそれを知ろう　54
1章まとめ　62

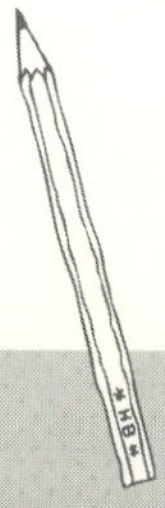

2 癒しの章——どんなことが起きても揺るがない心の作り方 63

・結局、ストレスは「感じ方」でグッと減らせる 64
・結果は二の次。まずは行動で龍神の後押しを得よう 68
・今日はどんな一日だった？ ちょっとうれしかったこと教えてください 76
・まるでビタミン。感謝不足は心の肌荒れを引き起こす 84
・「いいかげん」のすゝめ 92
2章まとめ 100

3 加速の章——不可能は可能にできる。もっと強い自分になりたいあなたへ 101

・もっと龍神と絆を深めたい時は 102
・「自分をこの世に産んでくれた」たとえ毒親でも、ここだけはありがとう 104
・本当の願いの探し方 112
・「心からやりたいこと」は空っぽの頭の中にある 120
・脱コミュ障。対人能力が劇的に上がる「龍神ミラーマジック」 128

・もうKYとはいわせない。「五感鍛練法」で空気を読む力UP　134
・「龍神的ジェスチャートーク」で、会話上手への一歩を踏み出す　142
・「観察力」「語彙力」「行動力」のすべてが身に付く「褒める力」　148
・思い込みの「善悪ジャッジ」は、何の役にも立ちません　156
・人生はドラクエ。「ままならない」経験がレベルアップへの道　164
・クリームソーダがくれた勇気　172
・決断せよ。龍神は自分で決められる人が好き　180
3章まとめ　186

4

お金サプリメントの章――それでもお金は必要だ。正直なあなたへ　187

・お金を求めない＝それはつまり、やりたいことがない！　188
・最速で自分が夢見るお金持ちに近づく方法　190
・お金の力を最大限に生かすのは、こんな使い方　198
4章まとめ　206

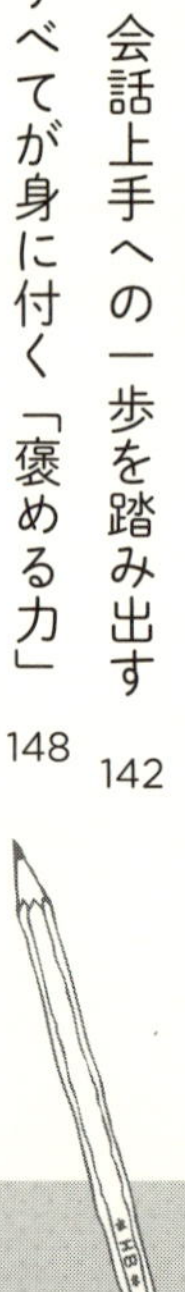

5 心のとん服薬の章——傷ついても立ち上がるための心の回復術 207
・悲しくて悲しくて、もうダメだと思った時は…… 210
・龍神にありがとう。手紙で気持ちを伝えよう 216
5章まとめ 228

6 健全な心身をメイキング。季節を感じる龍飯レシピ 229

おわりに 238

本文デザイン：米山翔子（ISSHIKI）
カバーデザイン：小口翔平＋上坊菜々子(tobufune)
カバー・本文イラスト：渡川光二
P230～237イラスト：立澤あさみ

1

みそぎの章

ストレスの原因を根本から取り除く

同じ出来事でも、ハートの状態で感じ方は違う

「いいかね。我々龍神とコンビを組むためにはまず、**おまえの中にある嫌な感情を捨てることから始めるがね**」

「前向きなワークをするための心の準備ですね」。僕はそう聞き返す。

「さよう。**『前向きな言葉を使おう』とか『他人に親切にしよう』とかいっても、悩みやストレスで心が沈んだ状態では、いくらやっても意味がない。**龍神と仲良くなるにはワクワクした魂であることが必要だからな」

「いわれてみればそうですね」

確かに日本人はまじめだから、ただ前向きになれといわれても難しいと思う。悩みやストレスに心が侵《おか》された状態で無理に心を弾ませたとしても、それはまやかしでしかない。

「それではいくら良いメッセージを龍神が送っても、的確に受け取れんだろう。逆に悪く取られてしまっては我々だって辛い」

ガガがいうには、**人間は同じ行動や体験をしても、感じ方はその時の心の状態に左右される**らしい。

たとえば、ある時難しい仕事を頼まれたとする。ストレスでいっぱいの人は「どうして自分がこんな面倒な仕事を頼まれるんだろう」と悪い方向に考える。でも、心が満たされている人は「自分はけっこう頼られているぞ！　この期待に応えたらきっと評価は更に上がるし、相手にも喜んでもらえる！」と前向きに考える。

同じ体験でも感じ方はこんなにも違うのだ。そしてもし、それは龍神が「昇進したい」という願いを叶えるために仕組んだことだったとしたらどうだろうか？

だから龍神が送ったメッセージをうまく受け取るためにも、嫌な感情を捨てることが必要となってくるのだ。

「では始めるがね。まず嫌な感情を捨てる練習をするのだ。新しき良きものを手に入れる前に、重苦しい必要のないものをどっさり捨ててしまうがね」

ここからは**まず嫌な感情を捨て、龍神とコンビを組むための下地を作っていきます。足す前にいらないものを捨てる、心のみそぎで清々《すがすが》しさが手に入ります。**

まずはひとつずつ、気楽に取り組んでいきましょう。

心に積もったストレスほこりの大掃除術

「ではガガ先生。よろしくお願いします」

僕たちは背筋を伸ばして、偉大なる龍神様に話を促《うなが》した。

「先生？　ほほう、なかなかいい響きではないか。もっというがね」

龍神様も先生といわれると気分がいいらしい（笑）。

「我々龍神とコンビを組むためには、ワクワクした魂を持っていることが条件だといったな？」

「ええ。それが龍神のエネルギーになると聞きました」

僕はガガに教えられたことを思い返して答えた。

「しかし、多くの人間はストレスを抱えている。まあ多少のストレスは問題ない。むしろ生活のスパイスになることもあるがね。しかし過剰なストレスはいかん。物事に対する感じ方にまで影響が出てしまう。それが問題なのだ」

ガガがグッと身を乗り出してくるのを感じる。

「過剰なストレスがあるとだね、すべて悪い方向に思考が傾いてしまうのだ。しかも身の回りにある情報も、悪いものばかりが目につくようになる」

僕は驚いた。なぜならこれは「**気分一致効果**（mood congruence effect）」と呼ばれ科学的にも証明されているからである。

ご存じだろうか、**人間は気分に合った情報に目が向きやすいという事実を。良い気分の時には良い情報が、悪い気分の時には悪い情報が目に付くようになる**のだ。

だからストレスを抱えた状態ではどんな効果的なワークをやったとしても、悲観的な情報としてしか捉えられなくなってしまう。

たとえば「窓を開ければ龍神がやってくる」というワークを教えたとしても、「私の部屋には小さな窓がひとつしかない。小さい龍神しか来てくれないかも」と「小さい」「ひとつ」という悲観的なワードを拡大して捉えてしまう。「窓がある」という事実だけですでにラッキーなのに。

「なーるほど。だからストレスを掃除しなきゃいけないわけね、納得」

ワカがコーヒーを片手にいった。いつの間に……。

「ストレスを掃除するって、いわば心の『みそぎ』ですね」

「ほほう、タカ。うまいことをいうではないか。神社でも御手水舎《おちょうずや》で手や口を清めて穢《けが》れを落とすだろう？　それくらいみそぎは重要なのさ」

ガガの勝ち誇った声がリビングに響いた。

「**まず、自分のストレスのタネに気付き、認めることからすべては始まる**がね」

「はあ？　ガガ、何いってんの？　ストレスの原因なんて普通は自分でわかってるんじゃないの？」

ワカが怪訝《けげん》な顔で聞き返した。

「バカめ。だからおまえたちは、まだまだなのだよ」

ガガは不敵な笑みを浮かべながら続けた。

「我々龍神は長く人間を見てきたのだ。人間はストレスを抱えていても意外と自分では気付かん。『私は強いから大丈夫』『こんなことは大したことじゃない』。そうごまかして、弱い自分を認めようとしないのだ。だからストレスにやられている自分に気付かない、いや気付こうともしない」

「ん〜、そういうことね。それならちょっとわかる」

腑《ふ》に落ちたのか、ワカが素直に頷《うなず》く。

僕も同感だ。実は僕自身、子どもの頃から円形脱毛症やアトピー性皮膚炎、喘息《ぜんそく》を患《わずら》っていた。いずれもストレスが原因といわれるものばかりだ。だけど自分ではストレスなんて感じたことはなかった。きっと**「自分はこのくらい大丈夫」という思いが強く、弱い自分を認めたくなかったのだろう。**今なら認められるんだけど。

こういうこと、みなさんにもないだろうか？　知らず知らずのうちにストレスが巨大になる。その結果、身体を壊してしまってはエライことである。

「日常会話の中で『でも』『だって』『どうせ』という言葉が多いと気付いたら要注意さ。そんな時は発想が後ろ向きになっている場合が多いのだよ」

「ストレスを抱えていると自然と思考が悲観的になるわけね。私も気を付けよっと」

そういうワカの横で僕も過去を思い返しながら改めて肝に銘じる。うん、僕も気を付けよう。そして閃《ひらめ》いたアイディアがこれだ。

「じゃあ、**そのストレスを書き出してみる**のはどうでしょうか？」

「ややや、っ。それはいいがね！　我も今それをいおうと思っていたのだよ」

「本当ですか？」

怪しい（笑）。

「なに！　我がウソをついているというのかね？」

「い、いえそんな！　滅相《めっそう》もございません」

「ストレスを書き出すといっても大げさに考える必要はないがね。**『気になったこと』を書き出してみればいいのだ。家庭のこと、仕事のこと、友人関係のこと、なんでも思いつくままに書いてみるのが大事**なのだ」

「気になっていることくらいなら、誰でもひとつや二つあるでしょうからね。『妻が朝、起きない』とか『龍神様がこき使う』とか」

「なにぃー？」×2。一柱《ひとはしら》（龍神の数え方）と一人の声が揃う。冗談ですってば、冗談。

ふん、とガガは鼻を鳴らすと説明を続ける。

「『気になったこと』のリストができたら、次にそれらに優先順位を付けてみたまえ」

「優先順位を付ける時に、何か判断基準はあるんでしょうか？」

ガガに聞いてみる。何が重要かを知るのは大事なことだ。

「**過去に同じような問題があったか？　解決策はあるか？　まずはそれを基準に考えてみる**がね」

「なるほど。つまり解決策がないことに長く時間をかけても、仕方がないということですね」。わかりやすいと、僕は納得した。

「その通りだ。しかし人間は解決できないことに、いつまでも悶々《もんもん》とする。だからそれに気付くためにも**『本当に重要なことか？』『解決できることなのか？』を基準に考えてみる**のだよ」

ストレスにまみれていると、冷静な判断ができないことが多い。自分ではどうしようもないことに深く悩み、ただただ時だけが過ぎてゆく。

「それにパッパと見切りを付ければ、意外と人生うまくいくのさ。善は急げだ、早速やってみたまえ」

ガガはそういって自信満々に笑った。

まず今、嫌な思いをしていること、気になること、悩みを書き出してみましょう。重要かどうかは考えずにどんな些細《ささい》なことでも構わないので、思いつくままに書きます。するとなんとなく、自分が抱えているストレスのタネ（根本）が見つかります。

それを認めるだけで少し楽になるはずです。そして、次に書き出したストレスのタネに優先順位を付けていきます。それは本当に重要なことなのか？　過去に同じ問題があったか？　解決策はあるのか？　それを基準に考えてみましょう。

嫌な感情を捨てるノート（例）

<ストレスの種>

❶後輩がやっていない仕事に、今やるつもりだったと言い訳をする
❷夫が家事を全く手伝ってくれない
❸友達が会うたびに自慢話をしてきてうんざりする

↓

❶

		〈順位付け〉
これまで同じような問題を経験したことがありますか？	(はい) いいえ	3
ある時は、どのように対処しましたか？ もしくはしようと思いますか？ 「言い訳しないですぐにやれ！」と注意した		
その対処はうまくいきましたか？	はい (いいえ)	
過去の対処の経験からどう感じましたか？ いっても無駄だと感じた。黙って自分の仕事に集中した方が楽		
解決できる可能性はどのくらいありますか？	低い → 高い (1) 2 3 4 5	

❷

		〈順位付け〉
これまで同じような問題を経験したことがありますか？	(はい) いいえ	2
ある時は、どのように対処しましたか？ もしくはしようと思いますか？ 家事をしてくれるように話をした		
その対処はうまくいきましたか？	(はい) いいえ	
過去の対処の経験からどう感じましたか？ しばらくやってくれたが、すぐにまたやらなくなった。でもやらなきゃという思いはあるらしい		
解決できる可能性はどのくらいありますか？	低い → 高い 1 (2) 3 4 5	

❸

		〈順位付け〉
これまで同じような問題を経験したことがありますか？	(はい) いいえ	1
ある時は、どのように対処しましたか？ もしくはしようと思いますか？ 会う回数を減らす		
その対処はうまくいきましたか？	(はい) いいえ	
過去の対処の経験からどう感じましたか？ 特に会わないといけない時以外は会わなければいいと気付いた		
解決できる可能性はどのくらいありますか？	低い → 高い 1 2 3 (4) 5	

☆POINT：
過去の経験と照らし合わせて解決できる可能性を探り、優先順位を付けてみましょう。

嫌な感情を捨てるノート

<ストレスの種>

❶

❷

❸

❶

これまで同じような問題を経験したことがありますか？　はい　いいえ

〈順位付け〉

ある時は、どのように対処しましたか？ もしくはしようと思いますか？

その対処はうまくいきましたか？　はい　いいえ

過去の対処の経験からどう感じましたか？

解決できる可能性はどのくらいありますか？　低い → 高い　1 2 3 4 5

❷

これまで同じような問題を経験したことがありますか？　はい　いいえ

〈順位付け〉

ある時は、どのように対処しましたか？ もしくはしようと思いますか？

その対処はうまくいきましたか？　はい　いいえ

過去の対処の経験からどう感じましたか？

解決できる可能性はどのくらいありますか？　低い → 高い　1 2 3 4 5

❸

これまで同じような問題を経験したことがありますか？　はい　いいえ

〈順位付け〉

ある時は、どのように対処しましたか？ もしくはしようと思いますか？

その対処はうまくいきましたか？　はい　いいえ

過去の対処の経験からどう感じましたか？

解決できる可能性はどのくらいありますか？　低い → 高い　1 2 3 4 5

脳がやる気を出すご褒美をあげよう

「どうかね？　自分のストレスのタネは見つかったかね？」

「こうやって改めてリストにしてみると、人ってストレスのタネをけっこう持っているものなんですね」

僕はリストをまじまじと眺めながらいった。

「そうなのだ。しかも人間はそれに気付かずにストレスのタネを抱え込み、一度にすべての問題を解決しようとしてしまう。そうすれば当然辛くなる。逃げ出したくなるのも当然だがね」

「そりゃ大変だ」

思わず本音が漏《も》れる。これは多くの人が抱えている問題に違いない。現代はストレス社会ともいわれ、メンタルヘルスや精神疾患の診療科も増え続けているという。

「一度に問題を解決しようと悩むと人間はどうなると思うかね？」

「そりゃや、なんとかしようと脳みそをフル回転させて考えるんじゃないですか？」

誰だって早く悩みを解決したいだろう。ならば問題の解決策を見出そうとするはずだ。するとガガが衝撃的なことを口にした。

「実はな、**人間は悩むうちに思考が停止してしまう**のだ。ピタリと止まる」

「ウソでしょ？　マジ？」

驚いたワカが声を上げる。うーん、僕も同感である。まさかそんな。

「おまえたちは認めたくないかもしれんがな、人間は怠《なま》けたがる生き物なのだよ。いくつもの問題で悩んでいるうちに嫌になり、脳が働くことを拒否してしまう。すると自ら視野を狭めて問題の解決策が見えなくなるのだ」

みなさんにも覚えがないだろうか？　何かの問題に悩んで考えれば考えるほど「解決策はない」と思い始めることが。

ガガによれば、これには明確な理由があるのだという。人間の脳は日々、膨大な量の情報を処理するため、大事なこと以外はできるだけ単純化しようとする。お風呂で身体を洗う順番などを習慣化している行動が良い例だ。

問題を抱えた時も同様で、いつも多くの問題を抱えて悩んでいる人ほど、それが常態化して大事なこととして認識されなくなる。そして「この問題は解決できません」

という結論に結び付けようとする。当然視野は狭くなるので、問題の解決策など見つかるわけはない。

悩めば悩むほど解決策が遠のいていくなんて。そんな話聞いてないよー。

「それじゃあ困ります。なんとかしてください、龍神様ぁ～」

僕たちは、ははー、と大げさに手を合わせた。

「ふん、仕方ない。ならば教えてやろう、龍神流お悩み解決策を」

ニヤリと笑うガガ。偉大なる龍神の不敵な笑みに、胸が期待に高鳴る。

「脳が働かなくなっているのは、心がやる気と元気をなくしているからだ」

「ははあ。つまりは『気』が足りないんですね？　気不足」

僕は視線を上げて尋ねる。なんとなくイメージできませんか？

「さよう。『ツイてない』『どうせダメ』『誰も助けてくれない』、そんなフレーズしか思い浮かばない時は要注意だがね。うまくいかないことにすでに理由付けをしている。失敗しても仕方がない、という言い訳を用意して、脳がサボり始めているのだよ」

「なるほどね。じゃさ、脳にやる気を出させる方法がわかればいいわけよね？　それ教えて、早く早く」

我が妻は相変わらず、龍神相手でも聞きたいことは単刀直入。ガガが答える。

「逆におまえたちに問おう。ある時、面倒な仕事を押し付けられて嫌になった。しかし、どんなに嫌でもしなければならない。さて、どうやってやる気を出すかね？」

うーん。僕は唸《うな》り、腕を組んだ。僕も会社員時代、よく面倒な仕事を振られていた。そんな時、どうやってやる気を掘り起こしたかを思い出してみる。

「僕は、それをやり遂げたらどんなメリットがあるかを考えましたね。ボーナスに反映されるとか、昇進できるとか。でもちょっとセコイ……」

「正解だ！　それなのだよ！」

僕の言葉を遮《さえぎ》ってガガが大きな声を上げた。

「脳にやる気を与えるためには、その問題が解決すれば自分にとってどれだけ良いことがあるかを明確にすれば良いのだ」

「へえ、単純！　サボりたがっている人を動かすためには目の前にご褒美をチラつかせればいいわけね」

ワカが感心して龍神ノートにメモっていく。書くことが成功につながるからだ。

「問題が解決した時にどんな良いことがあるか。そのメリットを理解すれば自然と気持ちが前向きになるものだ。すると脳も積極的に働き出す。自動的にな。さっきのリストで優先順位を付けただろう？　**それぞれのメリットを見比べてやる気が出るものから行動に移すのも良い**がね」

「人ってただ漠然と問題を抱えているから不安になるんですねえ」

「その通りだ。そして漠然と不安になっているうちはなにひとつ解決せんがね。たとえるならば、暗い霧と戦っているようなものだからな。相手が何者かもわからなければ不安にもなるし、対策を練ることはできない。気も上がるわけがないだろう」

その相手こそが、人間の「悩み」なのだ。相手を知れば対策はいくらでもある。

なんだか希望が湧いてきた！

ところでだね、そういってガガが僕たちに向かって再び口を開く。

「我の悩みも聞いて欲しいのだよ」

「え？　ガガさんにも悩みがあるんですか？」

はたして偉大なる龍神様の悩みとは？

「我はイジメられているのだ。タカにまんじゅうが食べたいといったのに食べさせてくれんのだよ。若き龍神の悩みなのだよ」

まるで古典小説『若きウェルテルの悩み』みたいにいってくる。まんじゅう……、そういえばそんなこといってたような。そもそも龍神はまんじゅうを食べられない。

「じゃ、じゃあ、できたてのまんじゅうの湯気を食べるとか」

苦し紛れにいってみる。神様や仏様はお供え物の湯気を食すと聞いたことがある。

「湯気を喰うなど、我は更科六兵衛《さらしなろくべえ》じゃないがね」

てか、更科六兵衛って……。さすがワカに付いている龍神様だ、ワカの好きな映画『ステキな金縛り』をご存じとは。西田敏行さん演じる落ち武者、更科六兵衛は個性的で僕も好きだ。

「ではまんじゅうを用意したら、僕にも報酬ありますか？」

「ないがね！」

龍神様のまんじゅうの悩みは尽きないようで……。

人間関係は魂レベルの成長で大きく変わるし変えられる

ちゃらーん♪　ワカの携帯が鳴った。メールだ。しかし、差出人を確認したワカの顔が曇る。

「どうしたの？」

「あ、なんでもない」

ワカはそう言葉を濁《にご》すが、うれしいメールでないことは明らかだ。すると、ここでガガが割って入ってきた。

「またかね？　それがおまえの悪いところなのだよ」

「え、なによ？　私のどこが悪いっていうの？」

ワカが口を尖《とが》らせて反発する。気になる。僕が問いただすとワカはしぶしぶ口を開いた。

「最近、ちょっと波長が合わない人がいてね。とはいえ以前お世話になったし、話には付き合うんだけど、けっこうストレスなのよね」

「ああ、いるよね。なんとなく合わないけど惰性で付き合っている人って」

誰にでもいるのではないだろうか？　ストレスを感じていても、なんとなく付き合っている人。職場の上司、友人知人、パートナーなど。もともと気が合っていたはずなのに、だんだん価値観が合わなくなり心が離れている人が。

「嫌ならばなぜ縁を切らぬのだ？　望んでいることではないのだろう？」

ガガがいう「悪いところ」とはそれらしい。望んでいないのなら切ってしまえ。さすが龍神様は手厳しい。だけど……。

「ガガさん。人間社会はそういうわけにはいかないんですよ。付き合いというものがありますし、社会の中では嫌な人とも付き合う必要が生じるんです」

するとガガはやれやれと首を揺らしながら、ため息をひとつ吐《っ》いた。

「だからおまえたちは成長せんのだ。我がいっているのはそんなことではないがね」

そういうとガガはそばにいる黒龍に視線を投げた。

「黒龍、ここはおまえが説明したまえ。我は冷たいと思われて嫌われたくないがね。なんせ我にはファンがたくさんおるからな」

嫌われそうなことは黒龍に丸投げとは、ガガもひどい龍神様である(笑)。いや、きっと見せ場を黒龍に作ってあげているに違いない。うん、そう思うことにしよう。

「では、私がご説明しましょう」

礼儀正しいソフトな口調で黒龍が説明を始めた。

「ガガさんがおっしゃりたいのは『**人間関係はその時々で変わる**』ということです」

「え、どういうこと？」

ワカが意味を呑み込めずに聞き返した。

「**人間は成長度合いにより、自然と付き合う人が変わってくる**ものなのです。『類は友を呼ぶ』といいますね」

「ええ。似たような人たちが引き寄せられるという意味ですが」

「似ているというのは、なにも趣味や性格だけではありません。その人間の魂レベルにも同じことがいえます」

「同じ魂レベルの人たちが集まるってこと？」

ワカが首を傾《かし》げながら黒龍に問いかけた。

「そうです。ですから魂レベルが上がれば必然的に魂レベルの高い人が引き寄せられてきます。逆にそれまで一緒にいた人でも魂レベルの低い人は離れていくのです」

そういうと僕に視線を向けて聞いてきた。

「タカさんにも覚えがありませんか？」

ある。僕は会社員時代を思い返していた。その頃、僕は製造のフォローをする仕事をしていた。同じ部署に先輩がいるので大丈夫という安心感があった。今思えば甘えていたのだ。ところがその先輩が異動になると、自分一人で大きな判断をしなければならず、必死にがんばった。するといつしか一緒に仕事をする人たちのレベルも上がって、ついには新製品の設計開発まで任せられるチームになったのだ。

自分の成長と共に周りの人も環境も変わっていった。

「この世の中は同じ魂レベルの人同士が集《つど》います。ですから自分のレベルが上がればレベルの低い人たちと一緒にいるのがストレスになります。そこで無理にその人間関係に固執してしまえば、自分の魂レベルまで低く留めてしまうのです」

せっかくの成長を自分で止めてしまうなんて、勘弁してくれよ〜。

「そんな顔をしなくても大丈夫です」

僕の表情で察したのか、黒龍が笑った。なんだろう、ガガにはないこの安心感。

「社会の中で生きていれば嫌な人と付き合う必要も出てきます。ですから、**まずは自**

分がストレスを感じる人を挙げてみましょう。いるだけで不愉快になる人、自分を苦しめる人、話すだけで気が滅入《めい》る人。そんな人を挙げてみるのです」

「ちょっと勇気がいりますね」

僕はいった。自分が誰に対してストレスを感じるかなんて、改めて考えるのはなんとなくタブーな気がしたのだ。

「でも、なんだかスッキリしそうじゃない？　それに悪口を書くわけじゃないし、自分の中で楽になる方法なわけでしょ？」

「ワカさんのいう通りです。無理に『この人はいい人だ』と思い込もうとしてストレスを抱える人間が多いのです。その**事実を受け入れてその人と楽に付き合う気持ちに変化させるだけですから、罪悪感を持つ必要はありません**」

なるほど、それならわかる。嫌なら嫌だという事実を認識するだけでも心は楽になるということか。変に「相手を悪い人だと思うことはダメなこと」と**心と逆のことを考えようとするとストレスはかえって大きくなってしまう**らしい。自分だけでもその事実を受け入れることが何より大事なのだろう。

「それなら読者のみなさんもやりやすいと思います」

書き出した人とどう向き合っていくか。それが大事なところだ。

「**その人と縁を切った時のメリットとデメリットを考えます。そしてそれぞれを見比べてどう感じたかを、心のままに書き出す**のです。会社の上司や親戚など、どうしても縁が切れない人も多いでしょう。しかし、**メリットとデメリットを見比べることで、たとえ縁を切れないと判断したとしても『自分はメリットがあるから付き合っている』**と自然に納得できます。逆に**デメリットの方が大きいなら実際に縁を切る判断をしても良いと思います。それは心の中だけでも可能**です」

「いわれてみれば自分がストレスを抱える人間関係に執着して、自分の成長も止めてしまうのでは、大切な自分の人生が翻弄《ほんろう》されてしまいますもんね」

「その通りです。それに上司や親戚などが良い人かどうかなどは、ただの確率です。そういう人に当たったら『この人はまだまだだな』と思えるくらいの余裕を持つことです。別に死ぬまで一緒にいるわけじゃないんですから」

そういって黒龍はニッコリ笑った。優しい顔でバッサリいうものだ。しかし、このバッサリが龍神の強さなのだろう。求めなければ決して手には入らない。人は皆、強さを手に入れたいのだと、僕は思う。

ストレスを感じる人ノート（例）

部署の異なる同僚だが、人への愚痴が多くて悪口を聞かされていると嫌な気持ちになる。
IT系の知識が豊富だから困った時に助けてくれる。でも話し方がねちっこくてできれば話したくない。

縁を切った時どうなる？

メリット	デメリット
人の悪口を聞かずに済む 話し方にイラッとしない	パソコン操作を気軽に聞ける人がいなくなる

メリットとデメリットを書いてみて、それぞれを比べてどう感じたかを考えてみましょう。

デメリットはありますか？	（はい）　いいえ
デメリットの解決策はありますか？	（はい）　いいえ

ある場合は、どのような解決策でしょうか？
他にもパソコンに詳しくて相談できる同僚がいる

縁を切りますか？
他の同僚に相談するようにする。万が一の時以外は接しないようにする

☆**POINT：**
本当にストレスを感じてまで付き合う必要があるかを考えてみる。分析することでもし必要がある場合でも割り切って付き合えるようになればOK。

ストレスを感じる人ノート

縁を切った時どうなる？

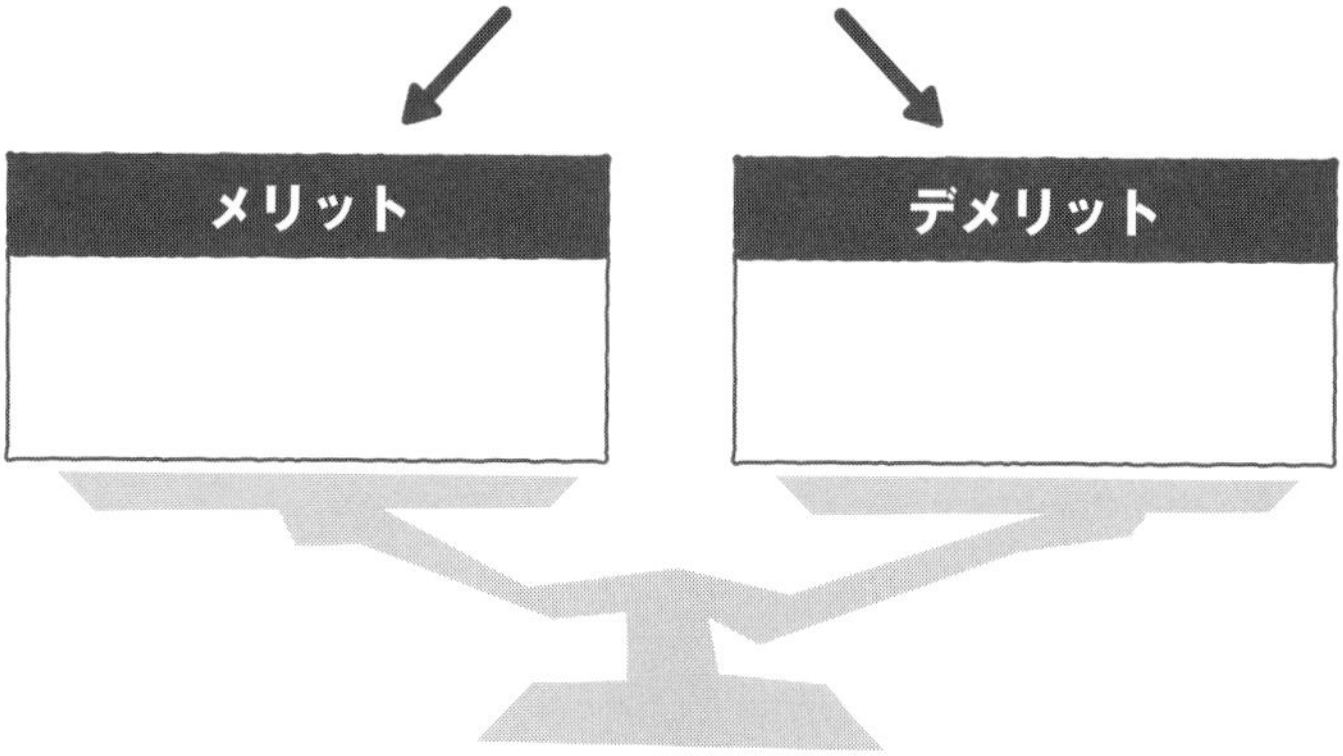

メリットとデメリットを書いてみて、それぞれを比べてどう感じたかを考えてみましょう。

デメリットはありますか？	はい	いいえ
デメリットの解決策はありますか？	はい	いいえ
ある場合は、どのような解決策でしょうか？		
縁を切りますか？		

あなたの怒りの正体は？「出さない手紙」でそれを知ろう

「ガガさん、これで『みそぎ』のワークは充分でしょうか？」

これまでやったことを振り返って、僕はガガに聞いてみた。すると、

「なに？　タカや！　おまえまだ、まんじゅうを用意しておらんじゃないか。我は傷ついているのだよ、怒っているのだ！　わかるかね、この気持ちが」

まさかのガガ激高。しつこい。それにそんなに重要ですか？　まんじゅう。

「っていうか、ガガってハッキリいうわよね。『自分が傷ついている』『怒っている』って、そういうこと私たちはなかなかいえないものだわ」

せんべいをかじりながらワカがいった。龍神様相手にあなたもけっこういい放ってますが、と思っても口には出さない。するとガガがワカの方に向き直っていう。

「そうなのだ。**人間は怒りなどの負の感情を出したがらない**のだよ、全く」

ガガがひとつ息を吐く。それは確かにある。

「まあ負の感情ってあまり人前で出すもんじゃないっていう空気はありますね。弱い

と思われたくないし、相手に嫌われたくないって気持ちもあるし」

「それに場を丸く収めたいとか、トラブルを避けるためにはいわない方が良いこともあるのよ、人間は」

トラブル回避は大切だ。時には我慢を強《し》いられることもある。僕は思わず妻の意見に頷いた。するとガガが嘆かわしそうに首を振って言葉を吐いた。

「我がいっているのはそんなことじゃないがね！　場を丸く収めようとする姿勢は良いだろう。ただ**問題なのは『過度に感情を抑圧する』こと**なのだ！」

そういってガガは僕たちの目を見据えながら続ける。

「想像してみたまえ。心の中に負の感情を押し込めた。我慢すれば我慢した分だけ溜まっていく。それはどんどん膨《ふく》らみ、膿《う》み、腐り、しまいには発酵してガスになっていくのだ。するとどうなる？」

僕は想像してみた。とたんに胸のあたりが重くなるのを感じる。う、パンパンだ。

「いつか、どっかーーーーん！　となるでしょうね」

たぶん破裂するだろう。悲惨である。

「その通りさ。突然キレたり暴れたりして人間関係が壊れてはエライことだがね。かといって溜め込んだままでは、いずれ心が死んでしまうだろう。心身に異常をきたすのはよろしくないがね」

「そりゃ困るわ。でもどうすればいいのかしらね？」

困った表情でワカが考える。そのワカを一瞥《いちべつ》して、ガガは得意げにいい放った。

「やっぱり我がいないとおまえたちはダメダメだがね」

まんじゅうで損《そこ》ねた機嫌が直ったのだろうか。サクサクと話が進んでいく。

「我がオススメするのは『**自分を困らせる相手に出さない手紙を書いてみる**』というものだ」

「出さない手紙？」

へえ、おもしろそうだ。

「さよう。**本当に出すことはない。だからわがままになって自己中心的に書けば良い。大事なのは自分が怒っていることをストレートに相手にぶつけること**だ」

「吐き出すことが大事ということですか？」

「それもある。話すことは『離す』ことにもつながるからな。普段出せない感情を出すことで気持ちの整理をすることができる。これは効くがね。そしてだ」

ガガは胸を張る。

「我の龍神のノート術ではそれでは終わらんのだ」

と、いい放つ。

「おまえたち、怒りについてどう思うかね？　怒りの意味だよ」

はて？　首を傾げる僕とワカ。改めていわれてみるとすぐに説明できない。

「怒りは、すべて二次感情なのだ」

「え？　二次感情？　一次的な感情の間違いじゃないの？　いるじゃん、すぐにカーッてなって怒る人」

ワカの言葉に、僕は思いを巡らせた。すぐに怒り出す人の顔が浮かぶ。そういう僕も、昔は瞬間湯沸かし器といわれていた時代があるが(汗)。

「良いかね？　**どんな怒りでも必ずその前に違う感情が存在している**」

あ……。

「もしかしたら、悲しいとか悔しいとか心配だとか……そういう感情でしょうか？」

僕は怒りっぽかったあの頃の自分を振り返って、そういってみた。

「ほほうタカ、やるじゃないか。実体験は強いがね。その通りだ」

やっぱりか。ガガの話によればこうだ。

人間の怒りはすべて二次感情で、それに先立つ感情が必ず存在するらしい。

たとえば子どもが急に駆け出して転んだ。親であるあなたは駆け寄って叱った。

この時、**怒りより先に「怪我《けが》をしたら大変！」という心配がある**わけだ。そして、その心配をかけた子どもに対して怒りの感情が湧き、怒った。

客観的に見れば、子どもは転ぶことで経験をし、次は気を付けようとすることで成長につながる出来事だ。だけど、それよりも**自分を心配させたことに対する怒りの方が大きかったという心理的カラクリ**である。確かに僕にも思い当たることが多かった。

「怒りの裏には自分の期待に応えない相手への感情が存在する。『子どもが親に心配をかけるはずがない』と思っているから、裏切られた時に怒りが湧いてくる」

「つまり、なんの感情もないところに突然怒りが湧くことはないわけですね」

「さよう。そして**出さない手紙を書くことで『なぜ怒っているのか？』という根本の感情（一次感情）の正体がわかっていく。そうしたらあとは無理に押さえ付けずに、その原因を観察してやればいい**がね」

「それすごくいい。自分は『悲しくて怒ってるんだな』とか『寂しくて怒ったんだ』

とか、そう理解できるだけでもかなり心に変化がありそうだわ」

ワカが興味深そうにメモを取っていく。

「要は自覚をすることさ。これを繰り返すうち、**反射的に、怒りが湧く前に原因に対して自覚が持てるようになっていく。**すると自然と感情のコントロールができて、生きやすくなっていくがね」

ガガもうまく説明ができたと思ったのだろう。満足そうに鼻を鳴らした。

怒りとは二次感情です。その前にあなたが感じたのはどんな感情でしたか？　多くは期待を裏切られた悲しみや悔しさだったりします。それを感じるのは恥ずかしいことではありません。むしろそれを認めることが大切だと龍神はいいます。

「ところでタカや。我の怒りの原因がわかったのだ。我はおまえに期待し過ぎて悲しくなったのだよ。もう期待するのはやめるがね」

「いや、大丈夫です。ちゃんと期待に応えますからなんなりとお申し付けください」

僕は慌てて大げさなジェスチャーをした。そういわれては僕が悲しい。

そうだ。うまいまんじゅう屋を思い出した。僕は財布を持って家を飛び出した。まんじゅう好きな龍神様、全くもって変わった龍神様である。

出さない手紙を書いてみるノート（例）

○○さん

いつも家事をがんばってるのにわかってくれない。

帰りが遅い時も連絡をくれないからせっかくのご飯が無駄になって悲しい。

靴下をいつも脱ぎっぱなしにしている。

子どものお弁当を毎日作って大変だからたまに手伝って欲しい。

私の誕生日を忘れていて悲しかった。私のことをどう思ってるの？

私が子どもの学校からいわれたことを相談したいのにいつも相談に乗ってくれない。

ごみを出し忘れたからってあんなに怒ることない。私だって忘れることくらいある。

もっと私のことをわかって欲しい。

悲しい思いをしているのよ。

気付いた一次感情はなんでしたか？

一次感情：
自分がやっていることを認めてもらえてないと感じる悲しさ

一次感情：
自分が頼りにしたい時に助けてくれない寂しさ

☆**POINT：**

1．されて嫌だった経験、傷ついた経験を思い出してストレートに感情を出す。
2．自分がどう思ったかを率直に書く。← ここに一次感情が隠されているケースが多い

出さない手紙を書いてみるノート

気付いた一次感情はなんでしたか？

一次感情：	一次感情：

1章まとめ

・ストレスのタネを見つけ、解決の優先順位を付けてみる
・人間関係は魂レベルで変化する。無理に嫌な人と付き合い続けるのをやめる
・怒りはすべて二次感情。その根本の感情を見つけ出すとうまくいく

2

癒しの章

どんなことが起きても揺るがない心の作り方

結局、ストレスは「感じ方」でグッと減らせる

「さあて、おまえたち。みそぎの章で嫌な感情を捨てられたかね？」

ガガがいった。

「ええ、やってみれば意外に簡単でした。これまではやらなかっただけなんですね」

心に溜まっていたモヤモヤをノートに書き出して文字通りスッキリした僕はそう答える。本当に小さなことが心の隅っこを蝕《むしば》んでいたことに気が付いた。

「よろしい。では、みそぎの次は心を癒そうではないか。とはいっても我は癒し系ではないのだよ。なにせ清く正しく偉大な龍神だからな」

全然関係がないような気がするが……。とはいえ……。

「癒し系じゃなくても教えてもらえなければ読者のみなさんが困るんですが……」

僕も本を書けない。実に困る。するとガガは不敵に笑った。

「いるではないか、我よりも適役が」

その瞬間吹く、一陣の風。来た。黒龍だ。

「この章は私がご説明致しましょう」

黒龍は理論的な説明が何より得意なのだ。そんな龍神さんであれば僕たちもありがたい。むしろガガさんの説明よりもわかりやすい、とはいわないでおこう。

「黒龍さん、よろしくお願いします！」

僕たちが頭を下げると黒龍はニッコリ笑って説明を開始した。

「嫌な感情を捨てても、またストレスを抱え込んでは努力が無駄になります」

「元に戻ったら意味がありませんもんね」

「そうです。ですからまたちょっとしたことでストレスを抱えないようにする必要があります。タカさん、そのために大事なことはなんだと思いますか？」

「うーん、やっぱり理想の環境を作ることとか……」

僕は少し考えて答える。

すると黒龍は「いえ、違います」とキッパリいった。

「大事なのは、**『心の感じ方を変える』**。ただそれだけなのです」

「心の感じ方？」

「いくら環境を変えようと思っても思い通りにはなりません。なぜなら他人の行動はコントロールできないからです。不可能だからです」

「いわれてみれば確かにそうよね……」

ワカが考えるようにつぶやいた。

家を一歩出ればたくさんの人がいる。世の中マナーのいい人ばかりではない。車を運転していても、無理な割り込みをされて嫌な思いをすることもある。だけどそういう人たちの行動をすべてコントロールできるだろうか？　無理だ、できっこない。そもそも身近な家族の行動でさえ自分の思うようにするのは不可能である。

以前、僕たちは夫婦で「相手が嫌だと思う行動をしない」というゲームをした。ちょっとした実験である。しかし、それはすぐに破綻《はたん》した。なぜなら相手のことを思ってやったことでも、どう受け取られるかは相手の捉え方次第で変わるからだ。

僕は妻の代わりに食器を洗ったのだが、食器の洗い方もしまう場所も妻の満足にはつながらず、結局もう一度妻がやり直した。

妻は食後にコーヒーを淹《い》れてくれたが、その日僕は打合せでコーヒーを何杯も飲んでいたので日本茶が飲みたかった。いずれもそれぞれが「相手のために」と思ってやったことなのに。

そう、**自分が思う親切と相手がどう受け取るかは別**なのだ。だから**自分がストレスを感じているのであれば、それは心の受け止め方、感じ方を変えればいい**のだ。この場合「仕事でコーヒーを飲んでくることくらい想像しろよ」と感じるか、「僕のためにわざわざ美味《おい》しいコーヒーを淹れてくれたんだ」と感じるかで心の状態は１８０度違ってくる。

「**良い感情も悪い感情も、他人が運んでくるわけではありません。それは心の中にもともとあるもの**です。たとえば欲しかったカメラを買ってワクワクした気持ちになったとしても、別にカメラがワクワクを運んできてくれたわけではないのです。その人の心の中から湧き出てきたものです」

「なるほど。だから、**どんな出来事があっても揺るぎにくい心の安定を養う**ということが必要なんですね」

僕は納得して頷いた。

「その通りです。では早速ワークを始めましょう」

結果は二の次。まずは行動で龍神の後押しを得よう

「私は長く人間を見てきて気付いたことがあります。人間はせっかく自分ががんばってきたことをすぐに忘れてしまうのです」

「自分を過小評価している人が多いということでしょうか？」

「残念ですが、その通りです」

黒龍が答える。一つひとつ丁寧に説明してくれてありがたい。安心する。

「なに？　我では安心できんというのかね!?」という声が聞こえたような気がしたが、うっちゃっといて黒龍の声に耳を傾けるとする。

「**多くの人間は『僕はできっこない』『私は大したことができない』と決めつけてしまっています。自分で制限を付けている**のです。これは大変もったいないことです」

「確かに最初から『できない』と決めつけたらできるものもできないわよね〜」

ワカが納得したようにいった。僕もそう思う。

人間は行動を起こす前に結果を決めてしまうことが多い。『思考は現実化する

(Think and Grow Rich)』[きこ書房] で世界的に有名なナポレオン・ヒル博士の調査結果もそれを証明している。

男女3万人を対象に「人は何回チャレンジしたらあきらめるか」という調査を行ったところ、平均はなんと1回以下。**大半の人が行動せずにあきらめるか、1回の失敗で投げ出してしまっていることがわかった**のだ。ナポレオン・ヒル博士も著書において「意欲的な人々は新しいプロジェクトを始めようとするが、壁に直面する前にやめてしまう」と結論付けている。

つまり**「やっても成功しない」のではなく「やらないから成功しない」。そういう人が圧倒的に多い**ということだ。

「人間は弱い生き物です。ですから行動するための勇気を持つことが、大切になってくるのです」

「つまり自信を持てるようにするということですか？」

僕は黒龍を見上げて問いかけた。見えないけれどそこにいることは気配でわかる。

「そうです」

そういうと黒龍は、人差し指を僕に向けて続けた（イメージです）。

「タカさん。あなたは昔、自分に自信を持てませんでしたよね」

「……そうですね……」

恥ずかしいが本当だ。僕はずっと自分に自信を持てないでいた。

小学校の時は水泳や野球をがんばった。だけど水泳ではどうしても同級生に勝てなかったし、野球ではいつも補欠だった。中学に入ってからも同様で、僕と同じ競技を始めた弟たちには自分の記録をことごとく抜かれた。

家には市の水泳大会の表彰状が飾られていたが、弟たちの「優勝」の文字を見るたびにいつも自分がなさけなくなったものだ。

「しかし考えてみてください。タカさんががんばってその先鞭《せんべん》をつけたからこそ、後に続く人たちが楽になり、結果を残せたという見方もできるわけです」

「なるほど。確かにそういう考え方もありますね」

僕はほうほうと頷く。ちょっと気持ちも前向きになる。

当時はスイミングスクールもなく、専門のコーチもいなかった。だから僕は真っ黒になりながら毎日学校のプールに通っていた。なんだろう、懐かしい。

「野球だってそうです。思い出してください。レギュラーにはなれなかったかもしれませんが、練習から帰った後も毎日家の前の坂を走っていたでしょう？」

僕はハッとした。そうだった。毎日走ったおかげで遅かった足も速くなり、3年生の時にはリレーの選手にも選ばれた。肝心の野球ではスタートが悪く盗塁は全く決められなかったけど。いや、その前に出塁できなかったか。そもそも試合に出てないし、俺（笑）。

「そういう意味では、僕はがんばる才能だけはあったんですねぇ」

結果は出なかったけど。これもまた悪くないと、僕は笑った。

「今となってはそう思えるでしょう？　そして誰でもそういう経験があるのです。しかし、**結果が出なかったことで『自分はできない』という悪い記憶ばかりが残ってしまう**のです」

「わかる～。私もそうだったもん。テストはいつも悪い点ばかりでさ。まあそれは私が勉強してなかったからだけど」

ワカがケラケラと笑い声を上げる。あなたの場合はそうでしょう、そうでしょう。

「ですが私たちからすれば結果よりも『がんばったこと』の方が重要なんです」

「え？　結果の方が大事なんじゃ」

「よく聞いてください。**がんばったということは行動したということ**です。何かの目標に向けて行動してくれれば、私たち龍神は大いに力を貸すことができます。背中を押せるのです」

しかし、と黒龍は僕たちを見ながらゆっくりと説明を続ける。

「行動がなければ龍神も後押しできません。いくら歌手になりたいといわれても本人が歌の練習をしなければなれません。行動するからこそ、龍神も良いボイストレーナーとの縁を結んだり、良い事務所と出会えるようにしたりして、背中を押すことができるのです」

「じゃあ僕みたいに結果が出なくてもがんばれる人は強いわけだ」

「そうです。そして今は私がいます。がんばって行動してもらえれば、私たち龍神はタカさんの背中を押せるのです」

それは何より頼もしい。それだけでもがんばった甲斐がある。

「ですから、今から**自分が子どもの頃にがんばったことを書き出してみてください。**結果が出たかどうかは関係ありません。むしろ結果が出ない時こそ、がんばったことに大きな意味があります」

「結果が出ればがんばるのも簡単かもしれないけど、結果が出ないのにがんばり続ける方が難しいですよね」

ナポレオン・ヒル博士の調査結果が頭をよぎる。だから人間は行動せずにあきらめる……、か。

「そして**自分のがんばったことを見直してみることで、どれだけ自分が行動できる人間かを再確認することができる**のです」

まさにその通りだと思った。そして失敗を繰り返してでもがんばったからこそ、結果が出た時の喜びも大きくなるのも確かだった。なかなかうまくいかない分だけ雪だるま式に喜びの感情が大きくなる。感動が大きくなるのだ。そしてその感動する魂こそが、龍神様の大好物になる。

「**がんばったことを書き出したら、そこから得られたものを思い出してみましょう。**何度も失敗した末に結果が出た時の喜び。逆に失敗して悔しかったこと。悔しいのも感情が動いた結果の感動です。感動とはがんばった人へのご褒美です。つまり龍神好みの魂になった証なんです」

そういうと黒龍はニッコリと笑った。

自分が今までがんばったことノート（例）

＜小学生の時＞

習い事の 水泳 と 野球 をがんばった

・専門のコーチもスイミングスクールもない中で、真っ黒になりながらプールに通った。

・練習が終わった後、毎日家の前の坂を走っていた。

（得られたこと）

・僕自身思うような成績は上げられなかったけど、弟たちが同じ競技で結果を出すための筋道を作った。

・泳げるようになったおかげで今でも健康のためにプールで泳ぐ習慣がある。

（得られたこと）

・遅かった足が速くなり、リレーの選手に選ばれるまでになった。

・自分が「継続することができる」ことを知るきっかけになった。

☆POINT：結果よりも、がんばったことを重視して、書き出してみましょう。

自分が今までがんばったことノート

＜小学生の時＞

習い事の　　　と　　　をがんばった

（得られたこと）

（得られたこと）

今日はどんな一日だった？ ちょっとうれしかったこと教えてください

「我は納得いかんがね！」。癒しは専門外といいながら突然ガガが割って入ってきた。

「どうしました？　ガガさん」

「最近、『感謝しよう』とか『感謝しなければいけない』なんてことをよく耳にするが実にバカバカしいがね。**そもそも感謝とは、するものではなく心から湧き出てくるもの、**なのだよ。『今日は感謝することはなかった』なんてヤツ、いるわけがないのだ！気付いていないだけなのだよ」

どうどう。お、落ち着いてください。どうもこの龍神様は思い付いたら口にせずにはいられないらしい。

でも確かにガガのいうこともわかる。最近よく「感謝しなきゃいけない」という声を耳にする。それは裏を返せば感謝の気持ちが湧いてこないから、無理に感謝しようとしているふうにも聞こえる。それじゃあ意味がないとガガはいいたいのだろう。

するとそれをなだめるように黒龍が声をかけた。

「ガガさんの気持ちは理解できます。では次のワークは、**一日を振り返って感謝する出来事を書き出してみる**のはいかがでしょうか」

「うむ。それはいいがね！　すぐにするがね、さあ早く！」

龍神様はとにかく気が早い。

「でもさ、家から出ない日とかもあるじゃん？　そういう時はどうすんのよ？」

ワカが聞いてくる。確かにそれはごもっとも。人とかかわらないような日もあるだろう。すると黒龍の目がキラリと光った。

「ワカさん、そこがこのワークの大事なところなのです。**たとえ部屋から一歩も出ない日でも人間は必ず誰かとつながっています。**それを認識するのが狙いです」

僕は意味を呑み込めずに首を傾げる。黒龍は諭すように話をつないだ。

「感謝の気持ちが湧かない人にはある特徴があります」

「人を見下しているとか？」

人に感謝しないのは自分の方が上だと思っているから？　そんな気もする。

「そうです。**感謝できないという人は常に不満を持っています。**思い通りにならないから周りに不満を持ち、周りはバカばっかりだと、自然と上から目線になっているのです」

「いうわね、黒龍さん。自分よりも下のヤツらに感謝なんて湧いてこないってことね？」

メモを取りながら、ワカがつぶやく。

「しかし人間は誰かの支えなしでは生きることはできません。それは私たち龍神もです。人間が成長し、美味しい魂になってくれなければ力を発揮できないのですから」

人間同士も、神様と人間だって持ちつ持たれつ。自分が誰かの助けになっている分、自分も誰かに助けられているのだ。

「たとえば、ある日、一日テレビを観ていたとします。一見誰ともかかわっていないように感じるでしょう」

「僕も一日家の中で過ごすことはあります。ってか、仕事は家でしていますから」

「では、その日楽しく観たテレビ番組の出演者は？　今着ている服を作った会社は？　宅配便の再配達のために電話で対応してくれたオペレーターは？　人は一日家で過ごしていても必ず誰かとつながっています」

絶句する。いわれてみればその通りだ。そんなこともわからんのかと、ガガに叱られるのも仕方がない。

「一歩外に出れば、道を渡る時に停まってくれた車の運転手、コンビニで親切に対応してくれた店員、エレベーターを降りる時に『開』を押してくれた人。**人はどこかで人とつながり、影響を受けています。それに気付けば感謝できる人は必ず見つかるはず**です。名前も顔も思い出せない人でも。自然と感謝の気持ちが湧きませんか？」

人は誰かとつながっている。それに気付けた人は幸せだ。なぜなら感謝の気持ちを常に持つことができるから。

「そうか。感謝の気持ちがない人って、自分が一人で生きているっていう驕《おご》りからくるものなのかもしれない」

なんてことだ。感謝の元は毎日の生活の中にこんなにも溢れていたんだ。

「**日頃から感謝できる人は、そうでない人に比べてとても幸せです。なぜなら感謝の数だけ、自分を助けてくれる人がいることを知っていますから**」

実はこれは心理学でも証明されているようだ。アメリカのマーティン・セリグマン教授が1998年に提唱したポジティブ心理学でも、不幸の時間を数えているよりも、**いかに自分が幸福なのかを考えている方が幸福感を増す**としている。

どんな小さなことでもいいから幸福を見つけることができる人はそれだけで幸せな

のだ。

しかしこれは龍神にいわせれば当然らしい。それは、生きていること自体が幸せだから。だから感謝することがないという人は「**感謝することがないのではなく、一時的に忘れたり、見えなくなったりしているだけ**」なんである。それを思い出せば、周りに感謝がたくさん見つかっていく。

「では、**早速今日一日を振り返って感謝したことを書き出してみましょう。**誰にでもそれは見つかるはずです。そしてそれを習慣にすると幸せを感じる力は確実に増していきます」


さあ、**ここでは一日を振り返って感謝する人や出来事を書き出してみましょう。**名前も知らない、顔も思い出せないような人でもOKです。それでもあなたの生活を快適にしてくれたのは間違いないのですから。思い出してください。

すると、今まで気付かなかったけれどたくさんの人に助けてもらっている現実にあなたは驚くはずです。

ノートにあなたの言葉で感謝の気持ちを素直に書きましょう。**何に感謝しているか**

がわかるように具体的に書くのがポイントです。実際に書くことで自然と感謝の気持ちが芽生えるはずです。

これを続けることで「感謝しなければ」と思わずとも自然と人に対して感謝の気持ちが湧き上がってくるようになります。そうなれば、あなたの周りにはその温かい心をめがけてたくさんの龍神がわらわらと寄ってきます。

感謝の気持ちを素直に書くノート（例）

朝起きてからの行動	一日を通して感謝できること
コンビニでコーヒーを買った	自由に活動できる時間がある 自由に使えるお金がある
レンタルショップで DVDを借りた	天気が良くて気持ちがいい
田舎から野菜が送られてきた	好きな映画（DVD）や 音楽（CD）を聴ける幸せ
CDで音楽を聴きながら 海沿いをドライブした	私のことを思ってくれている 親が元気なこと
テレビを観ながら過ごした	欲しいもの、食べたいものを いつでも買える環境
友達と電話でおしゃべりした	私の生活を見守ってくれる 家族の存在
	いろいろあっても命に危機がない日本という国に生まれた幸せ

☆POINT：
何に感謝しているかがわかるように具体的に書いてみましょう。

感謝の気持ちを素直に書くノート

朝起きてからの行動	一日を通して感謝できること

まるでビタミン。感謝不足は心の肌荒れを引き起こす

「日々、たくさんの人に助けられているんだなと思うとなんか安心しますね。感謝の気持ちが自然と湧いてきます」

「人に感謝する時間が増えると自分自身も幸せになるわね」

自分も実感したからいえるのだろう。ワカがうんうんと頷いた。黒龍が話を続ける。

「先に進みましょう。生活する上でもうひとつ意識して欲しいことがあります。それは**『時間』**です」

「確かに子どもの時から『時間を大切にしなさい』とはいわれましたが……」

時間を無駄にせずに有意義に使う。それは当然のことだとは思う。思うけれど、そこまで強く意識する人は少ないんじゃないだろうか。仕事の締め切りが迫っているとか、そういう時ならすごく意識するけど（↑これは僕のことだ）。

すると黒龍が、僕の気持ちを察したかのように語り始めた。

「考えてもみてください。人間は生まれてから死ぬまでの時間が限られています。そ

れは神様から与えられた時間です。魂を成長させるための神様からの贈り物なのです」

時間の使い方は、そのまま命の使い方になる。これはマザー・テレサの来日時に通訳を務めた渡辺和子さんの言葉だ。

時間を大切にするのは、命を大切にすることと同じ。

「そういわれちゃうとなあ。神様からの贈り物を無駄にするわけにはいきませんよね」

僕はなんとなく姿勢を正していった。

「時間を有意義に使える人を神様は好みます。自分があげた贈り物を大切に使ってくれるわけですからね」

「あー！　そのたとえめっちゃわかるわ。せっかくあげたプレゼントが無造作に扱われてると、ムカつくったらありゃしない！」

ワカ、思い当たることがあるらしい。まあ、小さな親切大きなお世話という言葉もあるから何ともいえないけれど……。それでも相手への配慮は大切だ。

まとめると、つまり時間を無駄にせずに魂を成長させるためにがんばっている人は神様にも喜ばれるということになる。

「でも、そんなにずっとがんばってたら疲れるわよ。たまには休みたい時もあるし。

休んじゃダメってこと？　そんなことというなら私は神様信用しない」

ワカが台所をあさりながら過激にいい放つ。そろそろお昼の時間だ。食材を確かめている姿を見ると、ブツブツいいながらも毎日食事を作ってくれることに感謝の気持ちが湧いてくる。妻よ、ありがとう。

「もちろん**身体を休ませることも立派な時間の使い方**です。身体は神様からの借り物ですからね。休むことはなんの問題もありません。朝寝坊したっていいんです」

「それなら安心。別に私だって好きで寝坊してるんじゃないのよ、たっぷり寝ないと良い仕事ができないだけで」

黒龍の言葉にホッとしたんだろう。手にしたポテチをパリパリ頬張りながらワカがいった。昼食のための食材を探していたわけではなかったらしい。

「自分が何に時間を使っているのか知るために、**自分の生活表を作る**のです。何をしてどんな出来事がありましたか？」

今日一日を思い返してどんなことをしたかを書き出してみましょう。生活表といっても、規則正しい生活をしなさいといっているわけではありません（笑）。ありのままを書くのが何よりのポイントです。

「黒龍さん。生活表を書いたら、それをどのように見返せば効果がありますか？」

黒龍に問いかける。そこが大事なところだと思ったからだ。

「良い質問です。**その中で『他人のために使った時間』はどのくらいありましたか？**」

「他人のために使った時間？　自分を磨くための時間ではなくですか？」

魂を成長させるのであれば、自己研鑽《けんさん》に使った時間の方が大事な気がするんだけど。

「実は**魂の成長とは、どれだけ他人を喜ばせられたかにつながっています。**世の中には多くの実績を残したスポーツ選手、大きな財産を築いた実業家、素晴らしい歌を歌う歌手や感動を与える役者もいます。みんな成長している魂の持ち主です。そして彼らはみんな、日々多くの人を喜ばせているのです」

「成功者」と呼ばれる人たちはみんな多くの人を喜ばせている。スポーツ選手ならば、最初は小さな大会で勝つことが始まりだ。勝てば家族が喜ぶだろう。そして、大きな大会になればなるほど、喜ぶ人は増えていく。

さらに、もしもオリンピックで金メダルを取るくらい成長したら、国民みんなが喜ぶことになる。自分の成長が他人の喜びに変わっていくのだ。

「平昌《ピョンチャン》オリンピックでの羽生結弦選手の金メダルには、日本中が歓喜しましたよね！」

あの瞬間、僕はテレビの前に釘付けになっていた。日本中が感動で震えた瞬間だ。大きな怪我で4ヶ月もの間、リンクに立てない日々があったにもかかわらず、努力を続けて勝ち取ったメダルで日本中を感動させた。まさに国を挙げての歓喜である。

そこで僕は、またハッとする。

「なるほど！　自分を磨くことは他人を喜ばせることにつながるのか」

それを聞くと、黒龍は「そうです、そうです」と、うれしそうに頷いた。

「タカさんは楽しい本を書くために勉強に励む、キーを叩く。それだって他人を喜ばせるための時間につながっているんです」

「他人を喜ばせる時間ってそういうことも含むわけね」

ワカが満足顔でポテチの袋に手を突っ込んだ。僕にもおくれ。

「もちろん直接他人のために使う時間も必要です。**今あなたが感じていることはあなたが他人にしたことが返ってきているだけ**なんです。『**やったことが返ってくる**』。これは世の中の法則として自然なこと。ですから**自分の利益にならないことでも他人のために時間を使えば、あなたのために時間を使ってくれる人も増える**のです」

町内会の役員になる、マンションの理事会に入る、ＰＴＡ役員を引き受ける。直接自分の利益にならないことを率先する人は龍神にも神様にも好かれます。

ちなみに僕はマンションの理事長を務めています。時には大変ですが、世の中の法則を知ってから俄然やる気が出てきました（なんだかセコくてすみません）。神様からのご褒美ですか？　もちろんあります、たっぷりと（笑）。

「じゃあ、**生活表を見てどれだけ他人のためになる時間を使ったか確認してみます**」

「そうしてください。そして**無駄だったな、もっと有意義に使えたな、と思うところをチェックする。それに対して自分がどう感じたかをノートに書く**のです。もうおわかりでしょうが、これを日常的にクセ付ければ……」

「世の中の法則で人間関係も良くなり、龍神様や神様にも気に入られる！」

僕とワカの声が揃う。僕はニンマリだ。ヤラシイヤツといわれても構わない。さて、僕も早速誰かを喜ばせよう。

「お昼作るの面倒だろ？　お弁当でも買ってこようか？」

「ホント？　助かるわ～。夫の運気アップのためにあえてサボる。これも他人のために時間を使っているってことよね♪　私、のり弁！」

そうきますか。さすが、我が妻は手強い。

自分の生活表を作るノート（例）

今日1日		
時間	行動	自分・他人
6:30 ～ 7:00	起床・朝ご飯	（自分）・他人
7:00 ～ 8:00	町内会の清掃活動	自分・（他人）
8:00 ～ 11:00	子どもを連れてデパート	自分・（他人）
11:00 ～ 12:00	レストランで家族で昼食	自分・（他人）
12:00 ～ 14:00	家に帰り読書	（自分）・他人
15:00 ～ 18:00	録画してたドラマを観る	（自分）・他人
		自分・他人
		自分・他人
		自分・他人
		自分・他人

❶ 他人のために使った時間を書き出してみましょう。

❷ ムダだったなと思う時間に色を付けてみましょう。
その時間を明日は何に当てるか書き出してみましょう。

おもしろくなかったが、せっかく録画したからとビデオを全部観てしまった。途中で止めて子どもとキャッチボールをしてあげた方が有意義だった

☆POINT：
他人のために時間を使うほど、あなたのために時間を使ってくれる人も増えてきます。

自分の生活表を作るノート

今日1日		
時間	行動	自分・他人
		自分・他人
		自分・他人
		自分・他人
		自分・他人
		自分・他人
		自分・他人
		自分・他人
		自分・他人
		自分・他人
		自分・他人

❶ 他人のために使った時間を書き出してみましょう。

❷ ムダだったなと思う時間に色を付けてみましょう。
その時間を明日は何に当てるか書き出してみましょう。

「いいかげん」のすゝめ

「ここまでの内容を心がければ、龍神と仲良くなれるベースが整いますね」

僕は嬉々としてそういった。しかし、黒龍が首を横に振って答える。

「いいえ。最後に大事なことが残っています」

大事なこと？　なんだろう？　僕は姿勢を正して黒龍の言葉を待つ。リビングに香ばしいにおいが漂った。こぽこぽこぽ……コーヒーメーカーが静かに動いている。

「日本人はまじめ過ぎなのです。この『癒しの章』では、日々安定した心を保つためのワークをご紹介しています。しかしながら……」

黒龍は言葉を切り、ほんの少し間を空けてこういった。

「まじめ過ぎる日本人は、きっと**『このワークをしなければならない』とがんばり過ぎてしまうだろう**と、心配しています」

人間だもの、うまくできない日もあるだろう。僕らだってある。だけど、それに罪悪感を覚え「ちゃんとしなくちゃ」と無理をすればどんどん苦しくなってしまう。それがストレスの元になってしまったら、本末転倒だ。僕は思案顔で腕を組んだ。

「うーん、確かに。困りましたね。どうすればいいんでしょうか？」

「タカさん、そんなタコみたいな顔しなくても大丈夫です。私たちは龍神ですよ？　解決策はちゃんと用意してあるのです」

なんだ、それなら早くいってくださいよ。それに僕はタコじゃないです……。

「龍神会議で出た結論は、何事も過ぎたるは猶《なお》及ばざるが如し、でした。ですから**『いいかげん』になることを最後のワークにしよう**と考えました」

「なるほど！　それはいいですね」

そう、僕もかつてはそれができなかったからよくわかる。「〜しなければ」「〜すべき」と思って自分を縛ると本当に疲れる。しかも次第に周りの人にもそれを強いるようになるので、僕は嫌われて周りの人も離れてしまった……。

「もちろん、そう考えてしまう人はまじめな人ですから、頭から否定することはできません。気付かぬうちに他人に強いるのも仕方ないでしょう。相手との関係が悪くなるだけです。しかし**一番の問題は、それが自分自身にダメージを与えてしまうという現実**なのです」

「僕も無理に『～しなきゃ』と考えなくなってから楽になりました」

そう、本当に楽になったのだ。黒龍が続ける。

「ですからみなさんもどうか安心してください。日本人は昔からそれができる民族なのです。そもそも日本の神様には教義というものがありません」

教義とは、宗教における様々な「教え」を明文化したものだ。でも、日本の神道にはそれがない。あるのは『古事記』『日本書紀』という神様の物語だけ。そこにある生き方を知ったら、あとは個人の領域だ。参考にするも良し、しないも良し。そんなふうにも思える。いってしまえば自由なのだ。

「いつの頃からでしょうか。『こうしなければ』『こうでなければ』と、考えて決めつける日本人が多くなっていきました」

手段に正しさを求めるあまり、目的を見失っては元も子もない。

「タカさん、神社の鳥居を思い出してください。鳥居はいつも開いています。そこには誰でも入れるのです。外国人でも違う宗教の人でも。だから飛鳥時代に仏教が伝来した時も寛容に受け入れて、ついには神仏習合として一緒にしてしまいました。『こうでなければ』と思っていたら絶対にできないことです」

それを聞いて、僕はふと目線を下げた。先日気まぐれで買った宝くじが置かれている。そこに描かれた七柱の神様のイラスト。そう、七福神だ。

七福神はほとんどが外国の神様だった。日本発祥の神様は恵比寿さんだけ。大黒天、毘沙門天《びしゃもんてん》、弁財天はインド。福禄寿、寿老人《じゅろうじん》、布袋《ほてい》は中国。そんな出身地も宗教も全く異なる神様を日本人はおおらかな心で受け入れ、ひとつの船に乗せてしまった。そして富と幸運の象徴として、この21世紀でも広く信仰されている。

なんとまあ自由な発想だろう。

「こういう言い方は変かもしれませんが、私はいい意味で日本人に自由になって欲しいのです。その意味での**『いいかげん』を目指して欲しい**と」

「いいかげん、って漢字で書くと『良い加減』だもんね」

ワカがうまいことをいう。相変わらずピンポイントで要所を押さえる。

「では、どのようなワークにしましょうか？」

僕は黒龍を見ながらいった。もちろん見えないけど。

「まず**『〜しなければ』と思っている時は、しないことへの不安に心が囚《とら》われている**のです。**気付かないうちに視野が狭まり、大局が見えなくなっている状態**です」

周りが見えなくなっているということだろう。

「プロ野球中継を観ていると解説者が『判断が遅い。アウトを取り損ねましたね』とか『ここでその球種を投げちゃダメですよ』といっていることがありますね？」

「はい。この解説者、そんなに大した選手じゃなかったのに的確なことというな、と感心することもあります」

「実は**解説者がゲームを的確にわかるのは、第三者の立場で冷静に見られているから**なのです。実際にプレーをしている選手は、興奮から目の前のことしか見えなくなりがちです。周りの状況を俯瞰《ふかん》できないのでミスが生まれる」

「へー、そういうカラクリがあるわけか」。ワカがふむふむしている。

「じゃあ、不安で心が囚われている人も、自分のことを客観的に見られるようになればいいってことね？」

黒龍はワカの問いかけに頷くと、早速、龍神ワークの説明を始めた。

「まず**あなたが『〜しなければ』『〜するべき』『〜してはいけない』と考えていることを書き出してください。そして、その言葉に続けて『と、この人は考えている』と書き足してください。**これがマジックワードになります」

え？　これだけで？　そう思ったあなた。騙されたと思って一度やってみてください。この一言を書き加えるだけで、自分の考えを別の人の考えとして客観的に捉えられるようになります。「この人はこういうふうに考えているんだ」「でも他の考えもあるかもしれないよね」という感じでひとつ、またひとつと冷静に自分を見直していけるはずです。

そして、本当にそうしなければいけないのかをもう一度「他人のこととして」考えてみましょう。すると意外と「無理にこれしなくてもいいんじゃない？」という気持ちになることが増えていきます。

これを何度か繰り返します。自分のことを客観的に捉えられるようになると、あなたの心を縛っていた鎖は解けていきます。まるで春が来た瞬間の氷のように。

「人生には心や身体を壊してまでやらなければいけないことはなにひとつありません。もうあなたの心を楽にしてあげましょう、あなた自身の手で」

そういうと黒龍は、ベランダから東の空へヒュンと飛び去った。颯爽と……。

がんばらない練習ノート（例）

● 〜しなければならない

・朝6時30分に起きなければならない

とこの人は考えている

・休日も予定を詰めなければならない

とこの人は考えている

・上司より先に帰ってはならない

とこの人は考えている

△ 〜してはいけない

・人前ではしゃいではいけない

とこの人は考えている

・太るから甘いものはいけない

とこの人は考えている

・会話中に無愛想ではいけない

とこの人は考えている

※点線分をなぞって、客観的に自分を捉えてみましょう。

本当にしなければならない？
本当にしてはいけない？

上の3つから、ひとつ選んで、1週間以内に一度やめてみましょう。

休日に一切予定を入れない

上の3つから、ひとつ選んで、1週間以内に一度やってみましょう。

うれしいことは素直に喜んでみる

☆POINT：
第三者の視点で、客観的に自分の行動を見直してみましょう。

● ～しなければならない

とこの人は考えている

とこの人は考えている

とこの人は考えている

△ ～してはいけない

とこの人は考えている

とこの人は考えている

とこの人は考えている

※点線分をなぞって、客観的に
自分を捉えてみましょう。

本当にしなければならない？
本当にしてはいけない？

上の3つから、ひとつ選んで、1週間以内に一度やめてみましょう。

上の3つから、ひとつ選んで、1週間以内に一度やってみましょう。

2章まとめ

・結果よりもがんばった、行動したという事実に龍神は寄ってくる
・感謝できる人は不満を持たず幸せになれる
・自分の成長のために一番有効な時間の使い方は他人のために時間を使うこと
・「〜しなければならない」ことなんてない。いいかげんになって、客観的に物事を見よう

3

加速の章

不可能は可能にできる。
もっと強い自分になりたいあなたへ

もっと龍神と絆を深めたい時は

「ガガさん、ここまでいろんなワークをしてきましたが、これでみなさん龍神とコンビを組めたんでしょうか？」

僕はガガにそう尋ねた。

「もちろんすでに龍神とコンビを組んでいるヤツもいるだろうが、これでもう充分だとはいえないがね」

「え、なに？　ここまでやってコンビ組めてないわけ？　それって詐欺じゃん、詐欺！　私たちの信用にもかかわるんだけど！」。ワカが歯に衣着《きぬき》せず声を荒らげる。すると——。ポカリッ！　「あ痛っ！」。どうやら頭を引っぱたかれたらしい。

「無礼者！　最後まで聞くがね。最初にいったではないか。龍神とコンビを組むためのベースとして嫌な感情を捨て、心を癒す必要があると！　我は、より確実につながって欲しいといっておるのだ」

「ということは、ここまではつながった龍神が離れてしまわないためのベースを作ったわけですね？」

僕は偉大なる龍神に確認を取った。

「さよう。せっかくつながれた龍神とは強い絆で結ばれたいではないか？」

「考えてみればそうよね。土台がしっかりしてないとなんだって揺らぐもの。さっきは変なこといってゴメンね、ガガ」

ワカは素直に謝った。このサックリと謝れる素直さが龍神に好かれる所以《ゆえん》らしい。

するとガガは、よろしい、と話を進めた。

「わかれば良いのだ。これまでのワークですでに龍神とつながるためのベースは出来上がっている。**ここからは龍神とよりしっかりつながるためのワーク**をするがね」

「具体的にはどんな？」

「タカや、慌てるでないがね。一つひとつ、やっていこうではないか」

さあ、仕上げです。この加速の章で龍神との絆を深め、龍神とのコンビを強固なものにしましょう。人生の流れがアッと驚くほど好転するのを期待してください。何より大事なのは楽しい明日を想像しながら、ワクワクした気持ちで取り組むことです。

「自分をこの世に産んでくれた」たとえ毒親でも、ここだけはありがとう

「ではいよいよ、龍神とコンビを組むための本格的なワークを教えてやるがね」

「よろしくお願いします、ガガ先生」

ペコリと頭を下げる僕たちに気を良くしたのか、

「ふむ。先生と呼ばれるのはやはり気持ちいいがね。もっというがね」

と、ご機嫌だ。しかも先生コールの要求が激しくなっている。

まず何から始めればいいのだろうか。僕たちがガガの声に耳を澄ませていると——。

ルルル……ロロロ……。唐突にワカの携帯が着信を告げた。

「誰よ〜、こんな時に」

とワカがブツブツいいながら電話に出る。その様子から会話の相手は妻のお母さんのようだ。なにやら話をした後に電話を切ると「もう」と、ため息。

「全く、人の都合なんかお構いなしなんだから。タカ、悪いんだけど車を出してくれない？」

どうやらお母さんに用事を頼まれたらしい。妻の実家は目と鼻の先にあるから、僕も普段から行き来している。僕としては頼まれごとも問題ないのだが、やはり実の親だと文句のひとつもいいたくなるようである（笑）。

「そういいながらもちゃんとそれに応えるんだから、ニクイね」

僕がからかうとワカは苦笑いしながら「まあ、そりゃ親だからねえ」と答えた。すると、

「そうなのだよ！」

ガガが叫んだ。ドラマティックな龍神様である（笑）。

「おまえたちは親を大事にしてエラいがね！　そして墓参りも欠かさん！」

「ビックリしたぁ〜。ちょっとガガ、どうしたのよ突然」

「確かにお墓参りは自然としてました。さすがに子どもの頃はご先祖様への感謝とかそういうことはわからなかったですけど」

僕は頭を掻《か》きながらいった。

「そもそもだね、**人間が今生きているのはたくさんの先人のおかげ**なのだよ」

ガガはそういうと諭すように続ける。

「おまえたちだって、親が出会わなければ生まれていない。その親もそのまた親も……。いわば**おまえたちが今、この世界で生きていること自体が奇跡**なのだよ」

奇跡か……。冷静に考えればその通りだ。時をさかのぼっていけば、ものすごい数のご先祖様がいる。誰かが一人欠けただけで、僕はここにいない。

「しかもだ。日本の神様はみんなおまえたち日本人の先祖なのだよ」

日本人には氏神様《うじがみさま》がいて、僕たちはみんな神様の子孫として守られている。そして伊勢神宮のアマテラスは、日本人の総氏神といわれているのだ。

「そう考えると、**親やご先祖様はみんな自分よりも神様に近い存在**ってことですね」

「さよう。だからこそ親を大切にする、ご先祖様に感謝する、それは神様を敬うことと一緒なのだ。そんなヤツを神様も好み、後押ししてくれるのは当然ではないかね?」

実際にこんなデータがある。全国石製品協同組合が、全国の40代以上の男女2089人へ行ったアンケート結果によると、子どもの頃からお墓参りの習慣があったかどうかで年収に差が生まれているというのだ。これには僕も驚いた。

特に顕著だったのが**年収200万円以下ではお墓参りに行っていなかった人の方が圧倒的に多い**ことだった。そしてある程度の高年収の人たちでは、逆にお墓参りを欠かさない人の方がグッと多くなる。

感謝する心がお墓参りという習慣を通じて自然と培《つちか》われたのだろう。そしてそういう人は、人間にも神様にも好かれるのは当然納得できる結果だ。

しかし、僕にはある疑問も生じていた。

「ご先祖様に感謝するというのはわかります。ですが、最も近い存在の親となるといろいろなケースがあると思うんです。たとえば『**毒親**』」

「ドクオヤ？　それは一体何かね？」

「簡単にいえば、子どもに悪い影響を与える親のことです。子どもに感情的に当たったり、家庭内暴力として問題になるケースも多くあります」

「あるある。だから最近のニュース嫌なのよ。子どもの虐待《ぎゃくたい》とか、本当に腹立つわ」

全国の児童相談所が対応した児童虐待の件数は年々増え続けている。平成28年度にはついに12万件を超えた。ここまで親による虐待が問題化していると「親に感謝しましょう」といわれても素直に受け止められない人だっているだろう。

「そういう親に対しても感謝しなければいけないんでしょうか？」

するとガガはふうむ、と顎を手でさすりながら（あくまでイメージです）黙った。

やはりガガにも難しい問題なのだ。僕がそう思っていると、

「タカや。おまえは、まだわかっておらんのだな、実に残念だがね」

と、いった。え、何を何を？

「よく聞きたまえ。我は親のすべてに感謝しろとはいっていない。暴力を振るわれてうれしいヤツなどおらん。嫌なことにまで感謝などできるわけがないがね」

「じゃあ、一体どうしろっていうんですか？」

いっていることが矛盾してるじゃねーか、と僕は憮然《ぶ》といい返す。

「すべての親に共通していることがひとつだけある。それは『自分をこの世に産んでくれた』ということだ。今、感じていること。幸せも痛みも悲しみも、すべての感覚と感情は生まれなければ味わうことができない。**肉体を持てたという感謝だけして、あとはサッパリと離れれば良いではないか。**ドクオヤに縛られたままでは心がかわいそうだがね。それにだな」

ガガは言葉を切って、ひとつ息を吐いた。

「許せないとか腹が立つという感情ばかり持つと、結局は自分自身に影響が出るのだよ。世の中の法則では、したことが返ってくるといったよな」

「ええ。良いことも悪いことも自分に返ってくると」。それが世の中の法則。

「だからその感情がいずれは自分に返ってきて、心や身体にも悪影響が出てしまうのだよ。そんなの嫌だろ？」

はい、嫌です。病《やまい》は気から、とはよくいったものだと思う。

「では、**自分の家系図を書いてみよう**ではないか。父母、祖父母、曽祖父母……。自分にかかわりのある人たちを挙げてみることで、自分がどれだけの人のおかげで今この世に生きているのかがわかる。実感が一番さ」

わかる範囲で構いません。自分の家系図を作ってみましょう。そして**自分の名字や名前の由来、ご先祖様や住んでいる土地のことをまとめてみましょう。**

どんな親でも親は親、ご先祖様はご先祖様です。その中の誰一人欠けても今の自分は存在しない。あなたが今ここに存在するのはいわば奇跡。そう、あなた自身が奇跡の結晶なんです。

その奇跡を演出してくれた自分のルーツを知ることで、あなたの中の何かが変わっていきます。

自分家系図ノート（例）

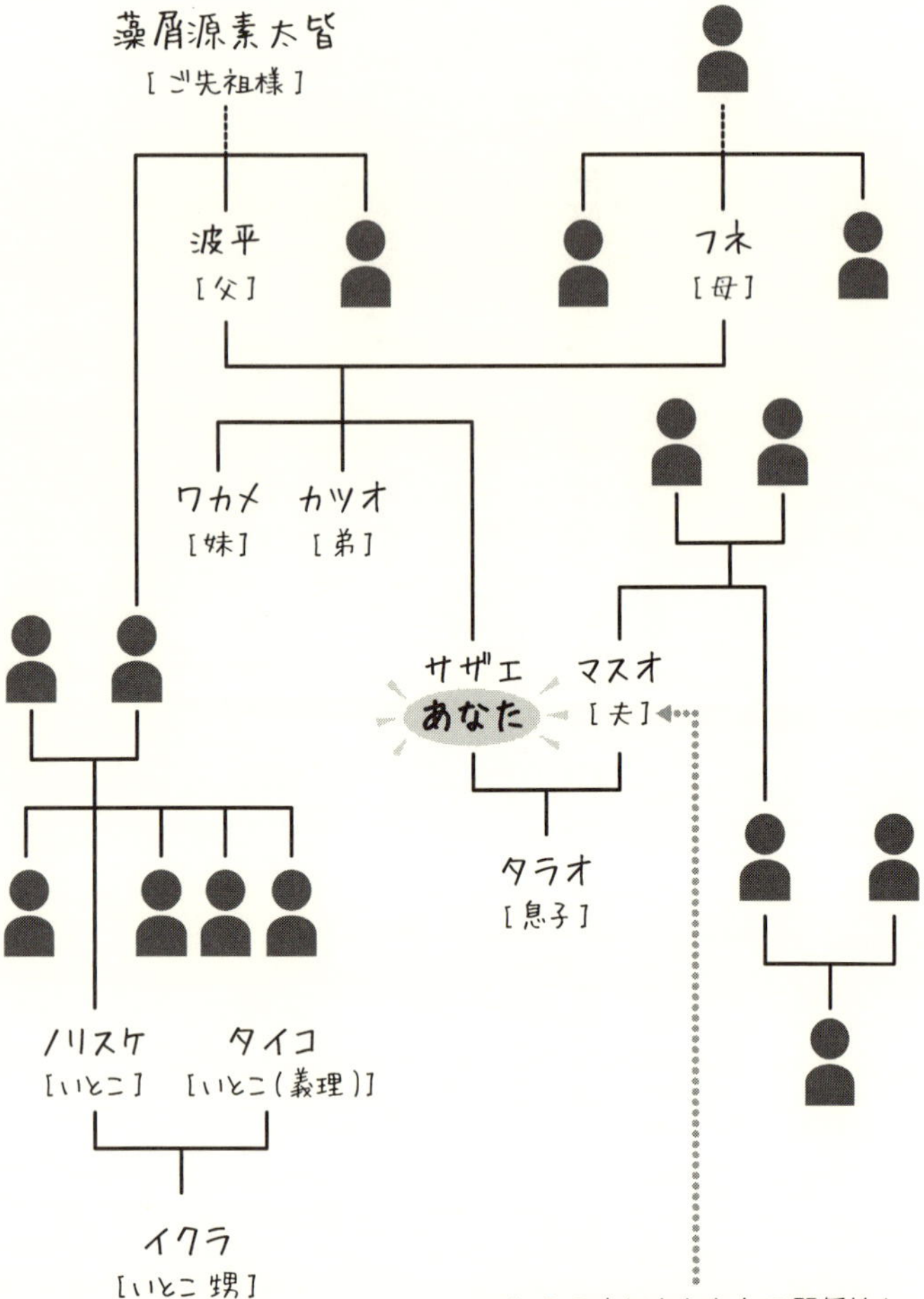

※[　]の中にあなたとの関係性も
入れてみましょう。

☆POINT：
何代前までさかのぼれるか、チャレンジしてみましょう。その過程で親戚とのコミュニケーションが増えたらなお良しです。

本当の願いの探し方

「改めて自分のルーツを知ると、今ある自分があたりまえじゃないんだと実感しますね」

父母、祖父母、曽祖父母……、さかのぼれるのは限られているけど、たくさんの人が僕にかかわってきたのだと痛感する。なんだろう、胸の奥から温かいものが広がってきて、その温かさはあっという間に、僕の心を満たした。うれしかった。

「人って意外と自分のことを知らないのかもしれませんね」

「まあそんなもんさ。しかし、そのことを感じられるだけで大きな前進だがね」

自分のことを知る。これが一番難しいのかもしれない。

「タカのいう通り、多くの人間は自分のことを全く理解しておらんのだよ。それで神社の神様も困っておるがね」

神社の神様が困っている？　これは聞き逃せない話だ。

「どういうことでしょうか？」

僕は真剣な眼差しを向けた。神様は僕を助けてくれた。その神様が困っているというなら、力になりたいのは当然だ。いくらセコイ僕にも、それくらいの気概はある。

「神社にはたくさんの人間が、神様にお願いに来るのだよ」

僕たちもそうやって願いを叶えてもらった身だ。神様、ありがとう。

「しかし、最近は人間が本当に望んでいることがわからんといっているのだ」

「でも、拝殿でお願いしていくなら、わかるんじゃないの？」

ワカが意味を呑み込めずに聞き返した。ガガは首を振りながら、

「神様はな、その人間の心の奥にある本当の願いが聞きたいのだよ」

「心の奥？　本当の願い？」

「さよう。たとえばAさんが結婚したいと願ったとするがね」

「よくある願いですよね」

幸せな結婚を願うのは当然だろう。はて、それのどこが本当の願いではないというのか？

「そこでそいつの心に問いかけてみるのだ。『なぜ結婚したいのか？』とな。するとだな」

1、なぜ結婚したいのか？
Aさん「親を安心させたいから」
2、なぜ親を安心させたいのか？
Aさん「近所や親戚に『結婚しないの？』と聞かれるのが嫌だから」
3、なぜ聞かれるのが嫌なのか？
Aさん「親が肩身の狭い思いをすると思うから」
4、なぜ親が肩身の狭い思いをすると思うのか？
Aさん「自分が親を満足させていないと思うから」
5、なぜ親を満足させていないと思っているのか？
Aさん「自分に自信がないから」

「これで、**Aさんの本当の願いは『結婚したい』ではなく、『自信が欲しい』ということだとわかる**」

「あー！　わかった、そういうことか！」

僕は思わず膝を打った。わかる、すごくわかる！　**この場合、結婚したいという願**

いは、自分だって人並みに結婚できるという自信を持つための手段に過ぎなかったということだ。

「Aさんは親を安心させるには結婚くらいしか自分にできることはないと勝手に思い込んでいた。しかし、自信を持つための手段はひとつではない。仕事で実績を残すことかもしれないし、趣味の登山を極めて北アルプスの穂高岳に登頂することかもしれない。それで自信がついて魅力的になったら、自然といいパートナーが見つかることだって往々にしてある」

「それは一石二鳥ですね」

「龍神も本当の願いがわかればそれに向けて縁をつなぎ、最も良い道へ導く。それが我々の役目だからな」

本当の願いを掘り起こす……か。僕は少し考えを巡らすと、ちょっと改まってガガにこう提案した。

「ガガさん、**自分の願いを掘り起こすワークは『なぜなぜ分析』を活用してみるのがいい**と思うのですが」

「なぜなぜ分析」。それはトヨタ自動車が、生産管理において問題点の核心を探る手法として導入したものだ。ミスが起きると、**なぜミスをしたのかを「なぜ？」「なぜ？」と繰り返すことで本当の原因を探り出す。だいたい5回繰り返せば、問題の核心に辿りつけるといわれている。**

実は僕もかつてモノ作りの現場で仕事をしていた時、これを実践してきた。まさか神社の神様にお願いすることにも活用できるなんて思ってもみなかったが……。

するとガガが、

「なに、なぞなぞだと！　我はなぞなぞは得意なのだよ。『おまえの実家にある冬になると現れる小さい龍とは何かね？』。さあタカ！　答えるがね」

「『なぞなぞ』じゃなくて『なぜなぜ』です。しかも小さい龍ってなんですか」

意味がわからん。

「答えは『こたつ（子龍）』さ。我の勝ちだがね！」

ガガが、ガハハとご機嫌に笑った（しかも意外とおもしろい）。

さあ、あなたのなぜなぜ分析を始めましょう。そしてこの手法にはもうひとつメリットがあります。それは**自分の思い込みに囚われて、いつの間にか本当の願いがすり替**

わってしまったケースにも気付けることです。

たとえば幸せな家庭を夢見て料理教室に通い始めたとする。ところがいつしか料理にハマり、暇さえあれば料理の研究に没頭するようになってしまった。当然、パートナーと出会う機会もなくなってしまう。

もしそれが本当の願いに気付いたということなら問題ありません。しかし、「あれ、私の望んでいたのはこれじゃなかったのに」と手遅れになってしまっては本末転倒です。

「それだけ自分の本当の願いを知るというのは大事なのね」

「自分がわからないうちは、本当の自分は生きられん」

「うーん、深いね。ガガ先生、さすがです」

そういって僕は、ガガの格言をメモした。これもいつか本にしたいもんだ、と思いながら（笑）。

「なぜなぜ」分析ノート（例）

結婚したい

❶なぜ、結婚したいのか？ → 親を安心させたいから

❷なぜ、親を安心させたいのか？ → 近所や親戚から「結婚しないの？」と聞かれるのが嫌

❸なぜ、聞かれるのが嫌なのか？ → 親が肩身の狭い思いをするから

❹なぜ、肩身の狭い思いをするのか？ → 親を満足させていないと思うから

❺なぜ、満足させていないと思うのか？ → 自分に自信がないから

本当の願いは、自信が欲しい

※本当の願いがわかったら、それを達成するための手段が他にもあるかもしれません。

☆POINT：
自分の思い込みに囚われて、いつの間にか本当の願いがすり替わってしまっている場合もあるのでしっかりと考えてから書いてみましょう。

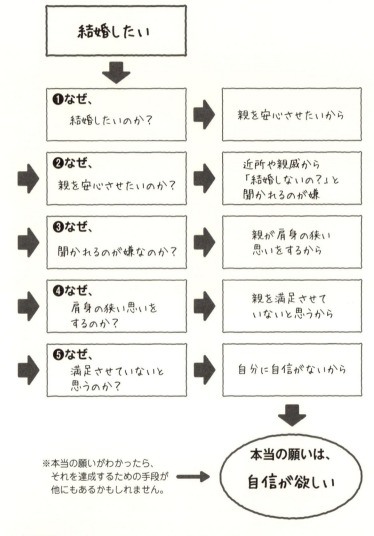

「なぜなぜ」分析ノート

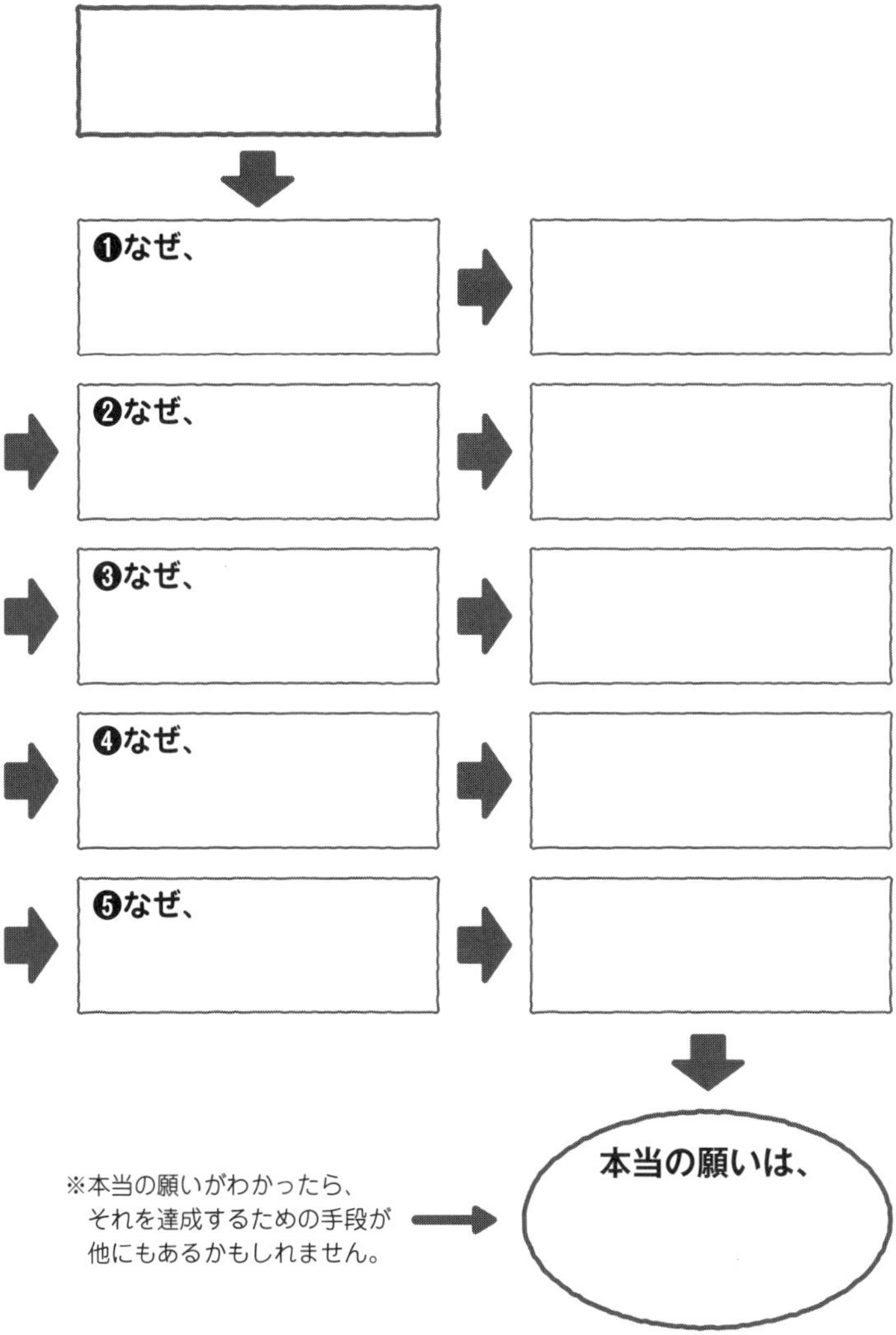
❶なぜ、
❷なぜ、
❸なぜ、
❹なぜ、
❺なぜ、
本当の願いは、
※本当の願いがわかったら、
それを達成するための手段が
他にもあるかもしれません。

「心からやりたいこと」は空っぽの頭の中にある

「自分の本当の願いを掘り起こしてみたら、自分が見えてきた気がしますね。おもしろいです」

そう僕は感想を告げる。新たな発見があって実におもしろい。

「そうだろう？　客観的に自分を掘り下げるのはなかなか味わい深いのだよ」

「だけど、ガガさん。そもそも**『自分は何をしたいのかわからない』**という人がたまにいるんです。そういう人って、どうすればいいんですかね？」

就職相談でも自分がどんな仕事をしたいのかわからないという相談が増えているそうだ。就活サイトを覗《のぞ》いてみると「やりたいことがわからない人」や「将来像が描けない人」向けの記事をよく目にする。

そんなの自分で考えろよ、と思うところだが、怒鳴られるのを覚悟の上で一応ガガに聞いてみた。結果はもちろん、

「そんなの我は知らんがね！」。ですよね（笑）。

「でもまあそういう人がいるのも事実なのよ、ガガの怒りもわかるんだけど」

ワカが取り成すように代弁する。

「そもそもだね、夢も目標もなければ我々は必要ないだろう？　我々の役目は人間の望む目標に向けて後押しすることなのだよ。龍神はペットではないがね！」

「ペットって……。誰もそんなこと思ってませんよ」

でもまあ、ガガの思いはわかる。龍神も自分の活躍の場が欲しいのだ。「龍神様はいるだけでいい、ありがたい」とか、たぶんそういうものではないのだろう。龍神側からいえば、それでは何も期待されてないってことになるからだ。

するとと突然、一陣の風が吹いた。

「ガガさん。それについて私にいいアイディアがあるのですが」

黒龍が颯爽と現れた。

「ほう。黒龍や、どんなアイディアがあるというのかね」

ガガが驚いたように目を見開いた。するとワカも、

「きっと分析が得意な黒龍さんだからいい答えを導き出してくれたんだわ」

と、期待の声を上げる。自分に付いている龍神を褒められると僕もちょっとうれし

い気持ちになる。

黒龍はそんな僕たちの様子を確認して、説明を始めた。

「私は、もう少し人間のことを理解してあげることが必要だと考えます」

「我々龍神が更に歩み寄れというのかね？」

すると黒龍は首を横に振る。

「そこまでする必要はありません。そもそも私たち龍神が人間の心の内まで見ることはできませんから。しかし」

そういうと一呼吸置いて黒龍は続けた。

「長い間、人間たちを見てきた私たちだからこそ気付いたことがあります」

なんと！　それは興味深い。

ガガもほう、と黒龍を見返しながら続きを促した。

「まず私は、何をしたいかわからないという人たちは、総じて一生懸命に行動したことがないという事実を突き止めました」

「でも黒龍さん。何をしていいかわからないから行動できないのでは？」

怪訝に思って僕は聞き返した。

「タカさん。これは一見矛盾しているように感じますが、そうではありません。どんな人でも生活する上でやることは必ずあるのです。仕事でも食事を作ることでも本を読むことでもいい」

「確かに生活していれば、全く動かないなんてことはないわね」

ふんふんと、ワカが頷く。

「**小さなことでいいから、目の前のことに一生懸命になってみる**のです。真剣に取り組むことでそれが向いているか向いていないかくらいはわかります。**もし向いていればそのことに関して積極的に行動できるようになり、向いていなければ『ああ、私にはこれは向いていないんだ』という気付きが生まれます。すべてはそこから始まります**」

取り組むことで初めて自分の向き不向きがわかる。そこで人は自己分析ができるようになっていくということか。最初の行動を起こさなければ自己分析する材料もないから、何をしたいのかわからないのも当然といえよう。しかし……。

「ええ、それでも取り組むことが見つからないという人もいるでしょう」

「！」、さすが黒龍さんだ。僕の気持ちをそこまで見越して話をしてくれるのがありがたい。この気遣い、ガガにはない（断言）。

「そこで私は**『考えない』**ことを提案します」

「考えない？」

予想外の言葉に僕とワカの声が揃った。

「そう、考えているからわからないのです。特に『わからない』『できない』と思っている人なら、考えれば考えるほど『わからない理由』を探そうとするので、いつしか迷宮に入り込んで彷徨《さまよ》ってしまうのです」

「ふうむ、なるほど。黒龍や、そのまま続けたまえ」

ガガも神妙に聞いている。黒龍は頷くと、指をピンと立てた。

「そこで**頭の中に存在するものを、考えずに出す訓練をします。紙を用意して『自分がしたいこと』を思いつくまま書いてください。制限時間は3分**です」


p127の龍神ノートに、「自分がしたいこと」を思いつくまま書いてください。


文章でも箇条書きでも、絵でもなんでも、好きなように自由に書きます。

大事なのは3分という制限時間を設けること。時間に余裕があると脳がサボろうとするので、シビアな環境に追い込んで吐き出させるのが狙いです。慣れてきたら、制限時間を気にせずに頭の中身が空っぽになるまで書き出すのもＯＫです。

「私も自分がわからなかった時は苦しみました。見動きが取れずに自分の存在を否定してばかりいましたから。でも、動けば必ず変わります、大丈夫ですよ」

そういった黒龍が一段と大きく感じた。

そして実は黒龍の提案してくれたこの手法は人間界では「ブレインダンプ」とも呼ばれ、コピーライターなど発想力を必要とする人がよく活用する方法でもあるらしい。

脳（ブレイン）の中身をすべて吐き出す（ダンプ）ことで、自分でも忘れていたり気付かなかったりしたことを明確にできる画期的な方法だ。

こんな科学的な手法まで知っているとは、さすが黒龍さんである。すると、

「どうせ我は科学的じゃないがね！」

そんな声が聞こえた気がした。まあ、適材適所ということだろう（笑）。

「3分間ブレインダンプ」ノート（例）

10万円が欲しい

ブログを書いて
読者を増やしたい

とにかく目立ちたい、
認められたい

高級フレンチの
コースが食べたい

恋人が欲しい

南国のビーチで
一日中寝ころんで
いたい

無理せず筋トレして、
ムキムキになりたい

カラオケで思い切り
歌いたい

黒人がやっている
ようなリズミカルな
踊りを踊りたい

※制限時間３分をストップ
ウォッチで測りながら、
書いてみましょう。

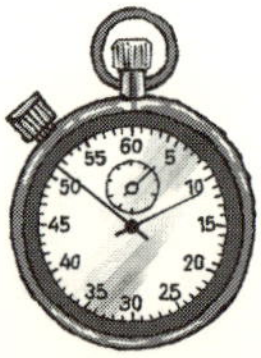
●制限時間3分

☆POINT：
とにかく思いつく限り、何でもいいから書きなぐってみる。
苦しくなってきてからが勝負です。

「3分間ブレインダンプ」ノート

※制限時間3分をストップウォッチで測りながら、書いてみましょう。

●制限時間3分

脱コミュ障。対人能力が劇的に上がる「龍神ミラーマジック」

「自分のやりたいことや願いごとが明確になったら、やっぱり龍神と仲良くなる術をもっと知りたいです」

いよいよ佳境に入ってきた。聞きたいことはハッキリ聞く、これが僕のポリシーだ。

「タカや。おまえは本当に学ばないヤツだな」

ガガが呆れたようにいう。意味がわからずに、僕は戸惑った。

「いったはずだ。龍神に気に入られるために何か特別なことをする必要はない。おまえだって、会ってみて印象の良いヤツ悪いヤツいるだろ」

「そりゃ当然いますけど」

「ならば問おう。印象の良いヤツとはどういうヤツだね」

僕は頭の中に、たくさんの人を思い浮かべた。そして考える。

「やっぱり、よく笑う人は印象が良いですね。人当たりも良さそうだし、何より話しかけやすい雰囲気がありますから」

多くの人がそう感じるんじゃないだろうか。しかめっ面の人に対して、いい印象を持つ人は少ないだろう。

「その通りさ。それだけは人間も龍神も、もちろん神様だって共通だがね」

ストン（心に何かが落ちた音）。そうか、神様だから龍神だからと人間が勝手に垣根を作っているが、受ける感覚は同じなんだ。褒められればうれしいし、無視されれば寂しくもなる。それはガガと生活していても実感する。しばらく声をかけないでいると「ちょっと構えよ」とちゃちゃちゃを入れてくる。

「龍神も、それに神様だって人間の祈りで生まれた存在ならば、人間と感じ方が違うわけがないんですね」

龍神様に付いてもらうにはどうすればいいですか？　そんな質問をされることも多くなった。だけど**「龍神だから」特別なことが必要なわけではない。龍神に好かれたければ周りの人にも好かれる人になればいい。**それだけのことなのだ。強いていうならば、どうすればいいかではなくて、どうあればいいか、の違いだろうか。

「あとは簡単だろう。第一印象を良くするためにはどうすればいいかね？」

「笑顔ってことですよね」

僕は確信を持って答えた。笑顔が嫌いな人はいない（もしもそんな人がいるなら、その人はただのひねくれ者だと思う）。ハンバーガーチェーン店でも「スマイル0円」というメニューがあるくらいだもの。

「さよう。**笑顔のヤツは単純に好かれるのだ。理由などない。そう決まっているがね**」

そういってガガは笑顔を見せる。ま、見えないんだけど。

実はこの笑顔というものは本当にバカにできないのだ。最近の脳科学でも笑顔の力が認められてきている。たとえおもしろくなくても笑顔を作ることで脳が騙されて、本当に楽しくなることが証明されている。

そして、仕事や勉強の効率も上がり、周りの人たちも幸せを感じるようになる。小さな笑顔から、幸せの伝染が起こるのである。

周りの人を幸せな気持ちにした上に龍神や神様にも好かれる。やらない手はないだろう。しつこいようだが、スマイルは0円だ（笑）。ノーコスト、素晴らしい。

「では、ここはどんなワークを？」

メモを取りながら、僕はガガに問いかけた。

「簡単だ。**鏡に向かって笑うのだ。ニッコリと、大げさにな**」

「え、なんか不気味〜。ちゃんと効き目あるんでしょうね？」

ワカが顔をしかめていった。

「効き目？　あるに決まってるではないか！　それに意識しないと自分の笑顔を見る機会はないだろうから、どんな笑顔で人に接しているかわかってちょうどいいがね」

確かに。一体自分はどんな笑顔をしているんだろう？　純粋に気になった。

「では早速」

僕はいそいそと洗面台の前に移動する。ニコッ。精一杯の笑顔を作ってみる。

「あれっ？　なんかわざとらしくて、変な顔になるな。こうかな？」

一口に笑顔といっても、やってみるとこれが意外と難しい。口角を上げてみる。歯を見せてみる。目を細めてみる。顔じゅうの筋肉をせっせと動かしながら、試行錯誤を繰り返す。

そこで、僕は思い返す。笑顔は自然と心から湧き上がってくるものだ。だから『古事記』でも「わらい」を「咲い」と表現している。心の内側から花が咲くように笑顔は咲くものということを思い出す。

自然と笑えること……。僕は横目で妻を見ながら、昨日あった出来事を思い出してみた。昨日のワカは歯磨き粉で顔を洗っていた。寝惚《ねぼ》けて洗顔料と間違えたのだ。あの大騒ぎを思い出すと、自然と笑いがこみ上げてきた。筋肉が一気に緩み、顔一杯に「笑（わらい）」が広がっていく。我ながらいい笑顔だった。

「ははは、そうか、こういう笑顔を心がければいいんですね、ははは」

「さよう。**自分の笑顔のベストショットを確かめて、毎朝出かける前に鏡で見れば、『なんだか幸せな一日になりそうだ』と脳に刷り込まれる。**不思議と前向きに行動できるようになっていく」

龍神がワクワクした魂を食べればその人にも幸せがやってくる。しかもガガの提案してくれたこの鏡のエクササイズには、もうひとつお得なことがあるらしい。

人の顔には57種類もの筋肉があるのをご存じだろうか。そして顔全体に張り巡らされているこの筋肉は表情筋といって、心の状態や感情と密接にかかわっている。笑い、悲しみ、悔しさ、怒り……。それを表現するのがこの表情筋なのだ。

ここでちょっと考えてみよう。人は腹筋や背筋が弱ると自然と姿勢が悪くなる。これは姿勢を維持する筋肉が弱っているからだが、これを顔の筋肉に置き換えてみて欲しい。

いつも怒っている人は怒った時に使う筋肉が発達するので、常に怒った表情が作られるようになる。悲しんでばかりの人は、悲しい表情をする筋肉が発達してしまう。だからいつも怒っている人はいつも怒った顔に、悲観的な人はいつも悲しい顔になってしまうという。自動的に。

「えー！　それは嫌だ〜！」

ワカが頭をぶんぶんと振りながら雄たけび（雌たけび？）を上げた。それでは自分で不幸を招いているようなものじゃないか。人にも龍神にも嫌われて最悪である。

「だから日頃から笑顔を作る練習をして、笑顔筋肉を鍛えるんですね。笑顔の練習か」

僕がうんうんと頷いていると、

「ところでタカや。さっき鏡の前であんなに笑っていたが何を考えていたのかね？」

「まあ、それは家庭内の企業秘密ということで……」

僕がワカに目線を向けながらいうと、ガガもガハハと笑い声を上げた。

「我の笑顔は10000ボルトなのだよ！」

いや、それをいうなら、『君のひとみは10000ボルト』ですよね。しかも堀内孝雄とはまた渋い……。この龍神、やはりあなどれない。

もうKYとはいわせない。「五感鍛練法」で空気を読む力UP

「さあて、そろそろ龍神とコミュニケーションを取るための術を教えようかね」

「待ってました！」

早く早くと、僕たちの声も弾む。

「祈るということは自分の意思を相手に伝えることだとは前に話したよな」

「はい。だから手を合わせるだけが祈りではないと」

自分の意思を相手に伝えること。言葉で伝えるだけでなく、がんばっている姿で示すことも立派な祈りだと教えられた。

「さよう。だからコミュニケーションがうまいヤツは祈りの力も強い。龍神にも神様にも願いが届きやすいがね」

ははあ。そこまで聞いてガガのいわんとすることが、なんとなくわかった。

「先ほどおっしゃったように人間も神様も感じ方は同じ。それならば他人とうまくコミュニケーションを取れるようになれれば……」

「そうだ。龍神とも意思疎通がしやすくなるのだよ」

期待通りの答えに満足したのか、ガガはニヤリと笑った。しかし一概にコミュニケーションをうまく取れるようにするといってもどうすればいいのだろうか？　僕がそう思っているとそれを察したかのようにガガがしゃべり始める。

「タカや、共感覚って知ってるかね？」

「キョーカンカク？」

僕が首を傾げて聞き返す。

「たとえば『今日の母ちゃん機嫌悪そう』とか『父ちゃん、なんかいいことあったのかな』という感じに雰囲気で機嫌を感じ取ることがあるだろ」

「あるある」

場の空気を読むのがうまいワカがいった。

「これは**表情や声、仕草などから自然に感じ取るものなのだ。これが共感覚だ。**だから**五感が鍛えられているヤツほど共感覚に優れているヤツが多い**」

みなさんも覚えがあるだろう。飲み会に遅れて参加すると、場のムードがなんとなく悪い。何があったかさりげなく聞くと、少し前に参加者同士でトラブルがあったとか。「あ、何か怒るようなことがあったんだな」とか、声の調子で「今日の部長は機嫌がいいな」とかを意識するわけでもないのに感じ取れてしまう。これを共感覚というそうだ。

つまり**見えないものから感じ取る力が優れているということ。**俗にいう霊感があるというのは共感覚が優れていると言い換えることができるのである。

「じゃあ『場の空気を読めない人』っていうのは共感覚が劣っているということなんですかね？」

「さよう。空気が読めなければコミュニケーションがうまく取れるわけはない。だからコミュニケーションをうまく取れるようになるためには共感覚を養うことが大事なのだよ。そしてそれには……」

ここでガガは言葉を切ると、試すように僕に視線を向けてきた。

「**五感を鍛える**んですよね」

僕だってそのくらいはわかります、と胸を張る。

コミュニケーション能力を高めるためには、五感を最大限に活用することが大事になってくる。これまで漫然と聞いていたことを心を研ぎ澄まして「聴く」。なんとなく見ていたものを注意深く「視《み》る」。そういう意識を持つことで、これまでと感じ方が大きく変わってくる。

「じゃあ、外を歩いて草木の緑を見たり、香りを嗅《か》いだり、風を感じたり……。そういう感覚を研ぎ澄ませる練習をすればいいんですね」

「実に良いがね。しかし、わざわざ外に出なくても家にいても訓練は可能だ。24時間ずっと五感を意識するのも大変だろうからな」

先ほどの黒龍の影響だろうか？ ガガも少し人間に歩み寄ってくれている気がする。やっぱり優しい龍神様である。

「たとえば食事の時間だけでも五感を意識してみるのだ。多くの感覚が味わえる」

「それはいいですね、楽しそうだ」

食事はまさに感覚の宝庫だ。盛りつけの彩り、食材やスパイスの香り、そして季節の味を楽しむ。食材を箸でつまむ時の感触や咀嚼《そしゃく》する時の音や舌触りまで。食事の時間は大いに五感を刺激できるのだ。素晴らしい。

「しかし、この食事五感術はブームですでにやっているヤツらも多いのだよ。だから、我が**新しい五感鍛練法を教えてやるがね**」

五感鍛練法って。なんだか拳法みたいだけど……。

「よ、よろしくお願いします」

僕は頭を下げた。お得な情報のためなら何度でも頭を下げる。全くもってセコイ男であることは認めよう。

「目をつむるがね」

僕は素直に目をつむった。

「視覚は今ない。**視覚以外の感覚を使って、周囲の状況を感じ取ってみたまえ**」

「は、はい」

僕は感覚を研ぎ澄ませてみる。深く呼吸をして、神経を集中させた。

目は閉じているから、音やにおい、肌に触れる感触が頼りになる。感覚を研ぎ澄ませている自分に気付く。温度、湿度、音、におい……。あ、こんな音が聴こえてたんだ。こんなにおいも……。それまで気付かなかったことに気付く。

「どうかね？」

ガガの声が聞こえる。

「これまで気付かなかった感覚ってけっこうあるんですね」

僕の答えを聞くとガガがしたり顔で言葉を続ける。

「意外だろう？　そして**五感が鍛えられて共感覚が磨かれてくると人間同士のコミュニケーションも円滑になる。しかも我々龍神が自然界を利用して発する様々なメッセージにも気付けるようになる**のだよ」

龍神から発せられるメッセージ、「風」「香り」「龍の形の雲」「虹」などにもより多く気付けるようになれば龍神だってうれしいに違いない。しかも人間関係も円滑になるのであればこんなにうれしいことはない。

そしてこの感覚が優れていると、通常の感覚とは異なった感覚まで察知することができるようになるらしい。文字や音に色のイメージを感じたりといったふうに。だからこそ龍神や神様の存在も感じる力が培われるのだろう。

このワークを続けていたら、いつかあなたにも龍神の声が聞こえるようになるかもしれませんね。どうか、ガガさんのような面倒な龍神でないことを祈ります。

「なに！　我は面倒だというのかね。おい、タカや！」

「五感鍛練法」ノート（例）

※すべて目をつむって、挑戦してみましょう。

嗅覚

鼻が詰まっている人は、一度鼻をかみ、鼻に意識を集中させてください！

- 近くに飾っていた花のにおい
- 焼きたてのトーストの香ばしい香り
- 洗濯物からするお日さまのにおい

聴覚

集中して周りの音に耳を澄まして、聞こえる音を書いてみましょう！

- つばを飲み込んだのどの音
- 家の付近を通ったトラックの音
- 小さい羽虫がはばたく音

味覚

毎日の食事、家にあるおやつを味わってみてください！

- 舌にのせた時の塩味
- かんだ時のほのかなポテトの焦げた苦味
- 細かく歯でくだいた時に強くなる味

← ※例）ポテトチップス、うすしお味。

触覚

近くのものを触って、その感触を確かめてみましょう。

※例）棚に置いてあるマトリョーシカ。→

- 周りはつるつるで、先端は丸みを帯びている
- 真ん中あたりにつなぎ目があり、少し太くなっている
- 底は楕円形で安定感がある

やってみて感じたことを心のままに書いてみましょう。

気付かない音や感覚がこんなにあるなんて驚いた。

☆POINT：
心を落ち着けて、集中していると普段聞こえない音がよく聞き取れます。

「五感鍛練法」ノート

※すべて目をつむって、挑戦してみましょう。

嗅覚

鼻が詰まっている人は、一度鼻をかみ、鼻に意識を集中させてください！

聴覚

集中して周りの音に耳を澄まして、聞こえる音を書いてみましょう！

味覚

毎日の食事、家にあるおやつを味わってみてください！

触覚

近くのものを触って、その感触を確かめてみましょう。

やってみて感じたことを心のままに書いてみましょう。

「龍神的ジェスチャートーク」で、会話上手への一歩を踏み出す

賑《にぎ》やかな笑い声が部屋に響いた。

「わおー！　これで龍神と仲良くなる人が一気に増えるわね、すごい」

そういってワカが逆立ちしてはしゃいでいる。子どもかっ。僕は笑ってしまった。

「全くおまえは子どもみたいだがね」

ガガも楽しそうにガハハと大きな口を開けて笑う。

「確かにワカって子どもっぽい時ありますよね。それに身振りも大きいし」

ワカは楽しい時、どんどんリアクションが大きくなる。飛び跳ねたり、のけ反ったり。こないだもお土産にもらったみたらし団子がうまい、と駆け出した拍子にタンスに足の小指をぶつけて苦しんでいた。その姿を想像するだけで、妻がどれだけみたらし団子が好きかがわかるだろう。

するとガガが頷きながらいった。

「しかし、そこがこいつのコミュニケーション能力が優れているところなのだよ」

コミュニケーション能力が優れている？　リアクションとコミュニケーションは関係あるのか？　僕は意味を呑み込めずにいる。するとガガはその様子を察したかのように続けていった。

「おまえ、コミュニケーション上手と聞いてどんなヤツを想像しているのかね？」

「そりゃ当然、会話上手な人ですよ」

コミュニケーションがうまい人と聞けば会話上手というイメージがないだろうか。会話が弾めば人間関係だって円滑になりそうな気がする。

しかしガガは残念そうな顔で首を横に振った。

「だからタカはなかなか人との関係を築けなかったのだよ」

相変わらずずいいにくいことをハッキリいう龍神様である。僕は苦笑いしながら人とのコミュニケーションに悩んだ日々を思い出す。ああ、苦労したあの日々よ……。

「タカや、おまえトークショーの前にこいつ（ワカ）に練習させせられるよな」

「させられますね」

僕たちはイベント前には徹底してトークの練習をする。ビデオを回して自分たちの映像を何度も見返しては納得いくまでやり直すのだ。「これだけ準備したのだから、これでダメなら仕方ない」と思えるほどになって初めて成功するイメージが湧いてくる。これが大事だと思う。

演説のうまさに定評のある衆議院議員の小泉進次郎さんも、自分の街頭演説をICレコーダーで録音しては聞き返していたそうだ。やっぱり成功している人は準備を怠《おこた》らない。

「その時いつも『もっと身振りを大きく』とかいわれんかね」

「そういえばいわれますね。おかげで今では自分でも意識するようになりました」

ジェスチャーがあると、より説得力が増すような気がする。

「その通りだがね」

僕のその言葉にガガはニヤリと笑った。

「人間の会話の場合、話し手が聞き手に与える印象は何で決まるかを知っているかね？」

「そりゃ話す言葉とか、声とかに決まってるじゃないですか」

だって会話なんだから。

「ではなぜ、こいつは『もっと身振りを大きく』といつもタカにいう？」

「それは……」

正直、舞台映えするから、くらいにしか思っていなかった。

「人間が話し手から受ける印象のほとんどは、実は視覚から入ってくるものなのだ。表情や目線、態度や仕草など。まさにジェスチャーそのものなのだよ」

実はこれは科学的にも証明されている。「メラビアンの法則」というのをご存じだろうか。1971年にアメリカで提唱された概念で、話し手が聞き手に与える影響について、「言語情報」「聴覚情報」「視覚情報」という3つの観点から数値化したものだ。

そしてその結果は驚くべきものだった。

なんと、話す内容などの「言語情報」はたったの7%しかなかったのである。そして**最も影響を及ぼすのが55%を占める「視覚情報」**だった。

つまり**人間が聞き手に良い印象を与えたければ表情や身振りなどのジェスチャーを活用した方が断然効果的**ということになる。

「ふうん。じゃ、私のリアクションの大きさが功を奏していたというわけね」

ワカが手に持ったせんべいをバリボリしながら、まるで他人事のようにいい放つ。

それがまた場を和ませる。

「ってか、ワカ。身振りを大きくしろっていってたの、ちゃんとそういうこと知ってたからなんじゃないの？」

「そんなわけないじゃん。ただボーッと立って話すよりも、動きがあった方がお客さんも退屈しないじゃん、って思っただけよ」

感覚を大事にしただけ……。うーん、彼女のそういうところが龍神ともうまくいく秘訣なのかもしれない。

「実際に試してみるといいがね。鏡の前でうれしそうに笑い大げさに両手を広げてバンザイをしながら『私は本当に運が悪くて悲しい』といってみるのだ」

「言語情報と視覚情報で、矛盾した情報を発信してみるんですね。それでどちらの情報が優先されるか」

「さよう。そして次に悲しそうな顔でうなだれながら『私は毎日が幸せでたまらない』といってみるのだ。どうかね、受ける印象はどちらの情報が強いかね？」

早速やってみたが結果は一目瞭然《いちもくりょうぜん》だった。なるほど、相手に良い印象を与えたければ表情や仕草をもっと意識してみるのがポイントになるわけだ。

「ということはジェスチャーだけでなく、身だしなみや姿勢なんかも大事になってきますよね」

身だしなみ、姿勢、仕草。そういう視覚情報を受け入れて初めて、人は他人の話を聞こうという気になるという。

「よく『人を見た目で判断しない』っていいますけど、それは」

「それは人が見た目だけで判断していることの裏返しだろう？」

龍神様は長年人間を見続けてきたからこそ、たくさんのことに気付いてきたのだろう。僕は思わずうーんと唸った。すると、

「ところでタカや、おまえ我のことを面倒なヤツだといったがね。どういうことかちゃんと説明するがね」

あ、気付いてました？　僕が話をごまかそうとしていたこと（汗）。

「観察力」「語彙力」「行動力」のすべてが身に付く「褒める力」

「いやー、さすがガガさん！　人間の細かいところまでよく気付いていらっしゃる。博学ですね〜。いよっ、大統領！」

僕は大げさに両手を広げて精一杯ヨイショする。さすがに、こんなあからさまなおせじではガガも怒るかと思いきや。

「確かに我は偉大な龍神だがね」

喜んでいた。やはりこの龍神、おだてに弱い（笑）。

「褒められるというのはたとえおせじとわかっていてもうれしいものさ」

あ、やっぱり気付いてました？　おせじ。

「相手に喜んでもらえたら自分もうれしいわよね。場の雰囲気も良くなるし」

ワカが2枚目のせんべいに手を伸ばしながら口にする。ガサゴソ……。

「世の中の法則としてやったことが返ってくる。ならば周りの人を喜ばせれば、次はどうなる？」

「相手のうれしいという気持ちが、今度は自分に戻ってきますよね。うれしい出来事が起きたり、幸せになったり」

世の中の法則はいつもシンプルだ。

「では、どうすればいいかね？」

ガガがストレートに聞いてくる。そりゃあもちろん。

「人を褒める、ということですね」

僕は自信満々で答えた。

褒められて嫌な気持ちになる人はいないだろう。しかも自分の長所や成功体験を褒められたらうれしい気持ちは倍増するものだ。すると「もっとがんばるぞ！」とやる気が出る。そうやって人は成長していく。何気ない一言が誰かを喜ばせるだけでなく成長をも促すことがある。

しかも、うれしくてワクワクしたり、成長したりする魂は龍神の大好物だから一石二鳥でもあるわけだ。これをやらない手はない。

「じゃあここでは『褒める』というワークをするわけですね」

僕は早速ノートを開いてメモの準備をする。お得情報は聞き逃さない。

だが、ガガはいった。

「しかし、この『褒める』というのは、これまでやったコミュニケーション術の中で最も難しいかもしれん」

「え、どうしてですか？」

褒めるだけなら誰でもできそうな気がするが。するとここでワカが口を開く。

「あ〜、そうかもね。人によっては褒めるところを探すのが難しいもん」

う、確かにそうだ。いくら「おせじとわかっていてもうれしい」といっても事実と違うことをいわれたら気分を害する人もいる。僕みたいな頭の人に「カッコいいヘアスタイルですね、憧れるなあ」といったら、きっと怒る人もいるだろう。「おまえ、ふざけてんの？」って感じに（ちなみに僕は自分のヘアスタイルには誇りを持っているが）。

「だから褒めるのがうまいヤツというのは様々な面で優れているのだ」

そういってガガは顔の前に人差し指(?)を立てていった。

「まずは**観察力**だ」

タカのヘアスタイル

誰かを褒めようと思った時に、その人の褒められる部分を見つける必要がある。言い方を変えれば**「その人の優れている部分を見つける」**ということ。だから相手を褒められない人というのは自分の方が優れていると思っている人なのだ。上から目線で見ていては、決して相手の良いところは見つけられない。

ガガにいわせればこれほどもったいないことはないらしい。相手を見下した時点で相手から得られるものは何もない。しかし、ひとつでも良いところを認められれば、次は自分がそれを学べる。成長につなげられるのだ。褒めるところを探すことは自分が成長するためのタネを探すことにも大きくつながっていく。

そして僕は口を開いた。

「ガガさんは本当に博学ですよね。仕事がデキル男って感じがします！」

精一杯褒めてみる。今度はけっこう本気で。

「我が博学で仕事ができるのはあたりまえなのだよ。それよりももっとあるだろ、『白い鱗《うろこ》が餅のようで素敵ですね』とか」

鱗が餅のよう……。そ、それが褒め言葉になるのか？　そんな僕の疑問をスルーしてガガが続ける。

「わかったかね？　次に必要なのは、**語彙《ごい》力・表現力**だ」

「褒めるところが見つかったら、それをどのように表現するかってことですか？」

「さよう。どんな言葉で、どのように表現して褒めるか、状況によって変わる場合だってあるがね」

「それで、白い鱗が餅のような、ってわけね。あはは、おもしろいわ」

ワカ、爆笑。

「ボキャブラリーが少なければ、良いところを見つけてもどういうふうに表現していいかわかりませんよね」

僕も本を書く仕事をするようになって、切にそれを感じる。もっと語彙力が欲しい、と。それにはやはり日々の積み重ねしかない。

「そして**最後は実際に『褒める』ことができる行動力**だ」

「つまり**『褒める』という行為ひとつ取っても『観察力』『語彙力・表現力』『行動力』のすべてが必要**なわけですね」

「タカのいう通りだ。いわばコミュニケーションに必要な総合力が褒めることさ」

「けっこう難しそうだわね」

ワカが眉を寄せた。

「心配は無用だ。難しく考える必要はないがね。なにせ偉大な龍神様が教えてやるのだからな」

そういって胸を張る龍神様。白い鱗が餅のような（笑）。

「まず最初に、これまで自分がした体験を思い出してみたまえ。**家族・友達・同僚など、これまで出会った人たちとの体験で『いわれてうれしかったこと』『いわれて悲しかったこと』を書き出してみる**のだ」

「はいはい、自分がいわれてうれしかったことを参考にすればいいわけね」

それなら簡単、だったらできる、とワカが頷く。

「**次に『いって喜ばれたこと』『いって嫌がられたこと、いわなければ良かったこと』を書き出してみる**のだ」

どんなふうに褒めればいいのか？　これは自分がどんなふうに褒められてうれしかったかを考えればいいそうです。難しいことではありません。逆にいわれて悲しかったことはいわないように気を付けましょう。コミュニケーション術を過去のコミュニケーションから学んでいくわけです。実体験なので決して間違うことはありません。

人を喜ばせるためのノート（例）

❶

＜自分がいわれてうれしかったこと＞

- 髪型変えました？ 似合ってますね
- そんな細かいところよく気が付きますね！
- 丁寧な仕事の進め方ですね
- 笑顔がステキで優しそうですね

＜自分がいわれて悲しかったこと＞

- 何を考えているのかわからないですよね
- 心が冷たそうで、とっつきにくいですね

❷

※観察力、語彙力・表現力をフルに使って、相手が喜ぶ褒め方を考えてみましょう！

＜相手にいって喜ばれたこと＞

- 素晴らしい心づかいですね
- まるで、一流のホテルマンのようですね
- お話がとてもおもしろく、深いですね

＜相手にいわなければ良かったこと＞

- 心が図太そうですね
- 食べ方が非常に豪快ですね

☆POINT：
相手をよく観察して、語彙を増やすことで、褒め方のバリエーションが増えていきます。

人を喜ばせるためのノート

❶

＜自分がいわれてうれしかったこと＞

＜自分がいわれて悲しかったこと＞

※観察力、語彙力・表現力を
フルに使って、相手が喜ぶ
褒め方を考えてみましょう！

❷

＜相手にいって喜ばれたこと＞

＜相手にいわなければ良かったこと＞

思い込みの「善悪ジャッジ」は、何の役にも立ちません

「ガガさん。コミュニケーションがうまく取れるようになれば、人間関係も円滑になりそうです。これはありがたいな」

「人間の悩みは多くが対人関係なのだよ。コミュニケーションがうまくいけば、自然と対神関係もうまくいくがね」

対人関係と対神関係。シャクだけど、なかなかうまい。

「じゃあ、他にも龍神に好かれる行動とか嫌われる行動とかありますか？　昔から悪いことをすると神様のバチが当たるっていいますし、バチは嫌ですから」

と僕が頭の後ろに手をやっていう。すると、

「勘違いするな。神様はバチなんて当てんよ」

え、そうなの？　と僕は目を丸くする。

「神様はそんなに暇じゃないがね。バチが当たったと人間が思っていることは世の中の法則として、したことが返ってきただけなのだよ。前にちゃんと教えただろ？」

ガガの視線が厳しく刺さる。なるほど、世の中の法則として「悪いことをしたから返ってきた」わけか、ごく自然に。

「仕方ないがね。ここはひとつ、きちんと説明した方が良さそうだな」

それは助かる。僕の反応がちょっとガッカリだったのかもしれない、反省。

「すみませんが、よろしくお願いします。ガガ様！」

と僕は大げさに頭を下げた。

すると気を良くしたのか、ふんと鼻を鳴らす。

「ならば細かくわかりやすく説明してやるがね」

細かく？　わかりやすく？　まさか。

「では私がご説明致しましょう」

やっぱり黒龍の登場だったか。ガガは説明しにくいことになると黒龍に丸投げする、偉大なる龍神様である(笑)。まあ、僕たちもその方がわかりやすくて助かるんだけど。

黒龍が説明を始めた。僕たちも耳を傾ける。

「人間は、持つ必要のない罪悪感を持っていることが多いのです。そしてその罪悪感が行動を制限してしまっています」

「ええと、持つ必要のない罪悪感とは？」

「一つひとつ説明しましょう。まず、**人間は良いことと悪いことを勘違いしているケースがとても多い**のです」

それは興味深い話だ。

「そこのところ詳しく教えてください」。僕は身を乗り出していった。黒龍が続ける。

「この世の中に働く自然の力、ガガさんのいう『世の中の法則』のことです。この法則では**『周りの人にどういう感情を与えたか』、それが基準**となります」

「誰かに嫌な思いをさせたら、自分も嫌な思いをする出来事が起きるとか、そういうことでしょうか？」。僕はメモを取りながら尋ねた。

「その通りです。たとえば学校の授業中にボーッと外を眺めていた生徒A君がいたとします。先生も気付いていないし、他の生徒の勉強の邪魔をしたわけではありません。自分が授業を聞いていないだけなので、他人には影響は与えていません」

自分で勝手にボーッとしてるだけだもんね。うん。

「この場合、世の中の法則も作用しません。しかし、ここで隣の生徒B君がそれを先生に指摘した。『先生、A君がよそ見しています！』と告げ口したわけです。この行為に対して、世の中の法則は作用します」

「B君がA君に嫌な思いをさせたということですか？」

「はい、B君は授業中は先生のいうことを聞かなければいけないという学校の規則に従ったつもりかもしれませんが、それはあくまで人間が秩序を保つ上で作ったルール。この場合は秩序は乱されておらず、他の生徒の迷惑にもなっていないので世の中の法則も作用しない。神様もよそ見をしていたA君には何もいいません」

「だけど、B君はA君に嫌な思いをさせたことで嫌な思いをすることになる、と」

「そうです。だから人間の規則に縛られて間違った罪悪感を持っている人がいますが、意外と悪いことではないのがほとんどです。**逆に規則に縛られて『こうしなければいけない』と人にまでそれを押し付けている人の方が要注意**です」

「そういう人けっこういるかも」

思い当たることがあるのか、ワカもうんうんと頷く。

「よく道端でゴミを拾わなかったことで罪悪感を持つ人がいます。しかしその人がゴミを捨てたわけではありません。たとえ拾わなかったとしてもプラスマイナスゼロです。それに罪悪感を持ってしまう方が良くありません」

「すべてを完璧にやろうとしたら気が変になっちゃいますよね、ほどほどでいいんだ」

僕の言葉に黒龍が大きく頷いた。

「特に日本人はまじめですから『きちんとしなかった』という罪悪感から行動を制限しがちです。しかし龍神も、神様もそんなことまでは気にしません。人に嫌な思いをさせていなければ問題ないのです」

「**では自分の行動を振り返って『良いことをした』『悪いことをした』と感じている出来事を書き出してもらうのはいかがでしょうか？**」

「大変よろしいでしょう。そして**次にその行動によって他人に嫌な思いをさせたかどうかを考えてみる**となお良いでしょう」

「自分が傷つけた人、嫌な気分にさせた人がいなければ世の中の法則で『悪いこと』にはならないわけですね」

黒龍によれば世の中の法則では全く悪いことをしていないにもかかわらず、罪悪感を持って過ごしている人がとても多いのだという。逆に自分が正してやる、と正義感に駆られた裁きたがりな人ほど他人を嫌な気持ちにさせていて問題なのだそうだ。

僕は「しなければならない」という規則に縛られて裁きたがりだった過去を反省し

た。だからうまくいかなかったんだな……。

「もし、嫌な思いをしたのが自分だけなのであれば世の中の法則では全く悪いことではありません。自信を持っていいのです。それに縛られていたら好きなこともできません」

黒龍はそういうと、

「ガガさん、これでよろしいでしょうか？」

とガガにうかがいを立てる。

うむ、とガガは顎を引くと僕たちを見据えていった。

「わかったかね」

いや、だから説明したの黒龍さんだし……。そう思いながらも満足げなガガの雰囲気に思わず笑みがこぼれた。こうやって僕たちを楽しい気持ちにさせてくれる。他人を喜ばせること、これもガガの才能なのかもしれない。

「善悪ジャッジ」ノート（例）

良いことをした　→　※良かれと思って、人を傷つけていることに注意する。

行動	判定	結果
前を歩く人が気づかずに落としたものを拾って渡してあげた	○	誰も嫌な思いをしていない！
終業後に同僚へお菓子をあげた	○	誰も嫌な思いをしていない！
良かれと思って人の失敗談を勝手に話して、場を盛り上げた	×	話をされた当人が嫌がっていれば、嫌な思いをさせている

悪いことをした　→　※自分が悪いと思っても、相手が嫌な思いをしていなければ、罪悪感を持つ必要はない。

行動	判定	結果
道を歩いている時に、かんでいたガムを紙に包んで捨てた	×	捨てるのを見た人、踏んでしまった人の気分を害する
プライベートでの相手へのメールが2日ほど遅れた	○	相手が、返事を待っていて困っていなければ、嫌な思いはない
相手の間違いを人前で指摘した	×	第三者に間違いを知られることで、嫌な思いをしている

☆**POINT：**
良かれと思って、嫌な思いをさせている。悪いと思っていたのは自分だけのことに注目してみる。

「善悪ジャッジ」ノート

良いことをした → ※良かれと思って、人を傷つけていることに注意する。

	➡	
	➡	
	➡	

悪いことをした → ※自分が悪いと思っても、相手が嫌な思いをしていなければ、罪悪感を持つ必要はない。

	➡	
	➡	
	➡	

人生はドラクエ。「ままならない」経験がレベルアップへの道

「人間が成長する上で絶対的に必要なものはなんだと思うかね?」

唐突にガガが口を開いた。

「成長する上で必要なこと?」

突然の言葉に戸惑いながらも、ガガのいうことだから何か意味があるのだろう、と頭を捻《ひね》った。はて、何が必要なのか。

「人間はなぜこの世に生を享《う》けるのか。それは**『ままならないこと』を経験して成長するため**なのだよ」

ままならないこと。辞書を引くと「思い通りにならないこと」「自由にならないこと」とある。なんだか深い意味がありそうだ。

「ガガさん、そこのところ詳しく教えてください」

きっと読者のみなさんにも実のあることに違いない。僕のペンを持つ手にも自然と力が入る。

「人間は、ままならないことを経験すると『どうしてうまくいかないのだろう？』と考え、落ち込むヤツが多い。しかし、それこそが人間の成長を止めてしまっている残念なところなのだ」

「でも実は、そのままならないことに意味があると？」

僕は眉を寄せて聞き返した。

「さよう。人間は3つのままならないことのどれかを経験することで成長する」

人間の成長を促す3つのままならないこと？　それは興味深い。僕は身を乗り出して聞き耳を立てる。

「**ひとつは『子どもを育てること』**。子どもというものは思い通りにいかぬものだ。動物を飼うというのもこれに入る。**次に『上司になること』**。他人を育てるのもうまくいかないことが多い。最後は**『独立（自立）すること』**だ。何かを始めようとすればば思い通りにはなかなかいかないものだ。いわば自分を育てることになる」

「思い通りにならないことを経験して、人は初めて成長できるというわけですか」

ガガによると、人間はままならないことを経験することで大きく成長するのだそうだ。

つまり、魂をレベルアップさせることができる。いうなれば、ドラゴンクエストで勇者がレベルアップしていくような感じだろうか。ドラゴンクエストでは敵を倒すことで経験値を得られるが、**人は「ままならない出来事」という敵を倒すことで経験値を得てレベルアップするわけだ。**「テレレ　レッテッテッテー♪」とファミコンで聴いた効果音が頭の中に鳴り響く。

「そう考えたら私たち、ままならないことだらけだったんじゃない？」

ワカがコーヒーを淹れながらいう。

「うち、子どもはいないけど猫飼ってるし。タカは会社で後輩の面倒みたでしょ。私も飲食業界にいた時はリーダーしてた。ついには会社を辞めて独立したじゃん。もう、ままならないことだらけよ！　おかげでレベルアップ！」

ワカが「いえい」とピースサインを送ってくる。

「確かに、ままならないことだらけだったかもね」

大変だったことを喜ぶのもどうなんだろう、と苦笑しながらも僕は過去を振り返ってみた。確かに思い通りにいかない日々だったけれど、今思えばその時の経験が大きく役に立っているのも事実だ。

「それにおまえたち、いい例を見ているではないか」

「いい例？　何かありましたっけ？」

僕は首を傾げる。すると、

「あれだがね、あれ。氷の上で掃除しているヤツだがね！」

「そ、掃除？？」

「あ、カーリングのことね！」

ワカが笑って叫んだ。どういうわけかガガは平昌オリンピックで観たカーリングがお気に入りで「我もやりたいがね！」と興奮気味にいっていたのを思い出す。

この平昌オリンピックカーリング女子のLS北見は本橋麻里選手が地元北見で立ち上げたチームだ。ところがマイナーな競技の故か、資金集めもままならず、とても苦労したそうだ。メンバーの中には前回のオリンピックに出場できなかったり、所属チームから戦力外通告を受けたりした選手もいた。ままならないことだらけだ。

だけどそんな状況でもあきらめずにがんばったからこそ、オリンピックで銅メダルを獲得できるほどの実力と強さを身に付けたのだろう。だからこそあの輝かしい笑顔が、多くの人の心に響いたんだと僕は思う。

まさに「ままならない」を成長につなげた例だろう。

「ままならない経験を乗り越えるためには『どうすればできるか？』を常に考え、行動し続けるしかないのだよ。継続する力こそが成長を生むのさ」

ガガの言葉にいつも以上の重みを感じた。

ＬＳ北見のホームページを覗くと藤澤五月選手の好きな言葉に「世の中に失敗はない。チャレンジしているうちは失敗はない。諦めた時が失敗である」と書いてあった。なるほど、思い通りにいかない状況でも行動し続けたからこそ成功への道が開けたわけだ。


そこであなたが経験した、ままならない出来事を思い出してみましょう。子どもを育てる。上司になる。独立する。その他にも近所トラブルやお金の問題など思い当たることはたくさんあると思います。**そんな経験を書き出してみてください。**どんな経験でもわかったこと、**そしてその経験から何を学んだかを考えてみましょう。**気付いたこと、学んだことは必ずあるはずです。

「人はままならない状況を経験して失敗すると、次は失敗しないようにと考えるものだ。すると同じ失敗は繰り返さなくなるがね。失敗する確率が減れば必然的に成功する確率は上がる。そして、ままならない状況で失敗しなければ、決して得られない宝もあるのだよ。人生は宝探しだがね」

ガガがいった。名言である。

つまり**あなたが書き出した数の分だけ、あなたは成長している**ということ。そして逆に失敗していなければその失敗がいつ起きるか今でもわからない状況が続いていたということ。そう考えると、変な言い方かもしれませんが「失敗していて良かった」と思いませんか？（僕は思います）

すると突然ガガが雄たけびを上げた。

「タカや！　我も氷をこするのだ!!　会場は諏訪湖にするがね!!」と、大騒ぎしている。

いやいや、諏訪湖って……。やはりガガさんはスケールが違うようです。

ドラゴンクエスト的成長ノート（例）

「ままならないこと」

子育て
- 夜泣き
- イヤイヤ期
- 保育園が決まらない

部下育成
- モチベーションが低い
- やることをやらない
- プライドは高い
- 叱るとすぐ休む

独立する
- 勉強時間が取れない
- 独立資金不足
- 将来への不安

得たもの

あなた

▶たたかう
に~~げ~~る

- 予想外のことに対応する力（子育て）
- 外部の方との交渉術、コミュニケーション術（独立）
- 他人を褒めて、能力を伸ばす力（部下育成）
- 限られた時間で結果を出す能力（独立）

経験する前に比べてあなたは成長（レベルアップ）しましたか？

（はい）　いいえ

☆POINT：
「ままならなかった」ことをよく思い出せば、これからの自分の自信につながる。

ドラゴンクエスト的成長ノート

「ままならないこと」

得たもの

あなた

▶たたかう

に~~げ~~る

経験する前に比べてあなたは成長（レベルアップ）しましたか？

はい　　いいえ

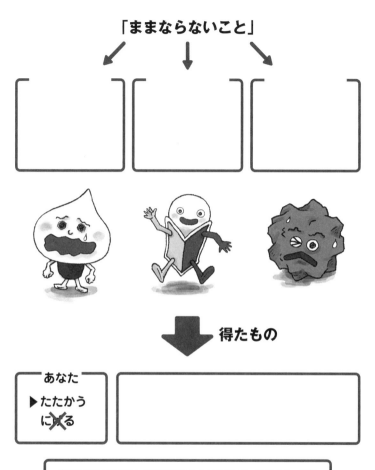

クリームソーダがくれた勇気

「おい、我はメガネが欲しいのだ」

「は？」

ガガのわけのわからない発言に、僕も思わずマヌケな声が出た。

「我は近眼なのだ。だからメガネを用意するがね」

「ってか、ガガさんメガネかけられないでしょ。実体ないし。それに龍神が近眼とか夢がないじゃないですか、却下です」

近眼の龍神様。そんな龍神いるわけがない。というか、いてはならない。

「赤のフレームがいいのだ。レンズが黒いのもカッコいいがね」

それはメガネじゃない、サングラスだ。偉大な龍神様にはメガネとサングラスの区別はついていないらしい。

「タカや、我のメガネを作りたまえ。今すぐ！」

「全くうるさいわね。まあ、ガガも遊びでいってるだけだから。放っておけばいいわよ」

ワカがシレーッといい放った。

「しかし、ガガさんは本当に好奇心旺盛ですよね。やりたくなったら止まらないというか」

一体誰に似たのだろう……。僕はワカに視線を走らせる。すると、

「おまえたちだって興味があることはやりたくなるだろう？」

ガガが不思議そうに聞いてきた。

「まあ、そりゃそうですけど」

とはいえ、人間はやりたいと思ってもいろいろな理由をつけてやらない人がほとんどだ。**人にどう見られるだろう？　失敗したらどうしよう。やらない理由を見つけては自分で自分を納得させてる人も多い**気がする。

「龍神も今、人間たちが何をしたいのかわからなくなっているのだよ。祈りとは行動でもあるといったよな」

「はい。祈りは意思を宣言すること。だからその意思を行動で示すことが最も強い祈りになると」

僕はガガに教わったことを復唱した。行動こそが祈り、ならば……。

「やりたいことをしなければ、龍神への祈りも届かない、と？」

するとガガは当然とばかりに顎を引くと、

「さよう。**人間がやりたいことをしないのであれば龍神も神様も、それは『したくないこと』と認識する**」

そりゃ実に困る。僕は一瞬顔を曇らせる。

「タカや。おまえ、何かしてみたいことないのかね？」

それを聞いて僕はとっさにあることを思い浮かべた。やってみたいこと、だけど恥ずかしくてできないこと。バカバカしくてくだらないけど、なんとなく笑えて、楽しいこと。

「実は僕、会議や打合せの時にクリームソーダを注文してみたいんです。そういう場所ではコーヒーや紅茶ってなぜか決まってるけど、クリームソーダやコーラフロートなんかの子どもっぽいのを注文する人がいたらおもしろいなぁって」

ちょっと幼稚だけど甘いもの好きの僕は楽しいし、何より周りの反応を見るのが楽しみだ（笑）。

「やれば良いではないか。なぜやらんのかね？」

予想通りの問いに僕は苦笑いを浮かべる。答えは簡単だ。

「いや、まあ。恥ずかしいというか、こんな大きな男がスーツ姿でクリームソーダっていうのも……」

結局、**人間は人と違う行動をすることに抵抗を感じる生き物**なのだ。

しかし、考えてみれば大きな成功を収めた人間は、好奇心を前面に出す人が多いのも事実である。かつて阪神や日本ハムで活躍した新庄剛志選手は、そのパフォーマンスが新庄劇場とまでいわれた。かぶりものをしてノックを受けたり、仲間と一緒にゴレンジャーに変身したり、ついにはバイクに乗って球場内へ入場したほどだ。

そこにはもちろん「ファンを楽しませたい」という思いもあっただろうが、それ以上に「これをやってみたい！」という好奇心が強かったのだろう。

そう考えると、やってみても大丈夫かも、という気持ちになってくる。それにたかだかクリームソーダだ（笑）。

「じゃ、試しにやってみますか」

「楽しみだがね」

で、次の打合せの時に早速やってみたんです。

「僕、クリームソーダで」と。

するとはじめはみんな「えっ!」って顔するんですけどね、その後に「じゃあ私はコーラ」「私もクリームソーダにしちゃおうかな」って次々と注文が出たんですよ。なんだ、みんなもしたかったんじゃん、って(笑)。

「ほら、いっただろ? 人間は勝手に決めつけるのだよ。『これやったら笑われる』とか『変だと思われる』とな。別に良いではないか、自分がやりたいことなのだから。**自分の希望くらい堂々と宣言できんようでは本当の願いも表に出ることはない**がね」

「それに意外とやってみたら簡単なことだった、なんてことの方が多いのかもしれませんね」。そう、今回のクリームソーダみたいに。

「その通りだ。人間が勝手に心にストップをかけてしまっている。せっかくやれる自由があるのにもったいないがね」

「じゃあさ、ここでのワークは『**自分がやりたい! でもやれないと思っていることをどんどん書き出してみる**』というのはどう?」

ペンを振り回しながらワカが提案する。悪くない。

「グッドだがね。そして、**書いたら実際にやってみることまでが課題だ。体験した後、**

どうだったかを感じたままに綴《つづ》るのも良いだろう」

「あ、おもしろい。ひとつできれば意外と次々できるんじゃないでしょうか」

そういいながら僕は過去を思い返していた。かつて政治の不甲斐なさを痛感して街頭に立った日を思い出す。道路で知らない人に手を振り挨拶をする。これがめちゃくちゃ勇気がいることだった。だけど勇気がいるのは最初の一言だけ。最初の一言が出ると「あ、なんだ。できるじゃん」という気持ちになって自然と次々言葉が出るようになった。

はじめの一歩を踏み出す勇気さえあれば誰でもできることなんだ。

このワークで勇気を持って踏み出せば、必ず違う世界が見えてきます。「私ってできるんじゃん！」って思えたらしめたもの。

「ところでタカや、我のメガネはどうなったかね？　我は待っているのだぞ」

あ、覚えてました？

「早く用意するがね！　今すぐ!!」

行きつけのメガネ屋さん、作ってくれるかな？　無理だろうな。

できなかったことをやってみるノート（例）

やりたいこと

・会議・打合せで、コーヒー・紅茶ではなく、大好きなクリームソーダを注文してみる

やれない理由

・子どもっぽいものを飲んでいると、いい大人なのに、と思われるのではないかと気にしてしまうから

やってみた感想

・最初は「えっ！」と驚かれるが、やってみると周りも好きだったり、マネして注文する人も現れた

※やりたいことは、特に周りの目が気になることを選ぶと度胸も付く！

☆POINT：
人と違うことをするのは、抵抗を感じる。しかし、一度やってみると次々に挑戦ができるようになる。

できなかったことをやってみるノート

やりたいこと

やれない理由

やってみた感想

※やりたいことは、特に周りの目が
気になることを選ぶと度胸も付く！

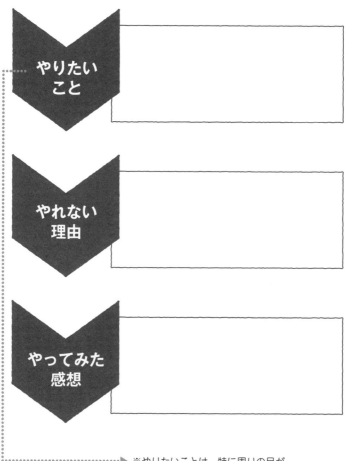

決断せよ。龍神は自分で決められる人が好き

その日、僕は悩んでいた。二者択一、しかしその判断ひとつでその後の自分の運命が大きく左右されることになる。難しい判断を委《ゆだ》ねられた時、人は悩み、そして葛藤する。

「ちょっと早く決めてよ。私の答えはもう決まってんだけど」

向かいに座っているワカが、呆れた口調でいい放つ。

「ちょっと待って。とりそば……、いや今日は冷たいそばの気分だからざるそばも捨てがたい。問題は天ぷらを付けるかどうか……」

僕たちはそば屋にいる。ランチタイム、それは僕にとって喜びと共に悩みの時間でもある。大切な一食、美味しいものを食べて身も心も満足したい。

結局、僕はざるそばに天ぷらを付けた。ワカは温かいとりそばだ。

「ズルズルッ。うん、うまい。でもとりそばも美味しそうだよね。やっぱりそっちにすれば良かったかな」

「だったらタカもとりそばにすれば良かったじゃん」

「えー、だってワカが急《せ》かすからさあ」

「まさか、私のせいにするわけ？」

ワカが怒気をはらんだ口調でいってくる。

するとその瞬間、見計らっていたかのように声が飛んできた。ガガだ。

「タカや。おまえはそれがダメなのだよ」

「え、何がですか？」

いきなり批判されると僕の口調もついついきつくなる。しかし、そんな僕のことなど意に介さずにガガは続けた。

「おまえ今、自分の判断ミスをこいつのせいにしたな」

「ええ、まあ。だってワカが急かすからちゃんと選べなかったというか……」

みっともないことはわかっている。けど、ついつい人のせいにしたくなるのが人間の弱いところだ。

するとガガは、やれやれおまえもか、と嘆かわしそうに首を振った。

「**人間は失敗したこと、後悔したことを他人のせいにするヤツが多い**のだよ」

だってぇ〜、と僕は口を尖らせる。

「そんなタコみたいな顔してもダメだがね！」

だからタコじゃありませんってば。

「結局そういうヤツは甘えているだけなのだよ。いつまでも親に甘える子どものようなものさ」

「うう……」

悔しいが返す言葉がない。

「人間は自分のした判断に責任を持たずに逃げるヤツが多い。失敗したらすべて他人のせいにしてしまうのだ。だから常に不満だらけで不機嫌な顔をしている」

「いわれてみればそうよね。他人のせいにする人っていつも不満ばかりいってる気がするわ。あ、ヤなヤツ思い出した」

誰を思い出したのか、ワカが勢いよくそばをすする。澄んだつゆが少し飛んだ。あいつのせいで、こいつのせいで……。挙句の果てには世間が悪い、社会が悪い、国が悪い、だから自分が不幸なんだ、と周りに責任をなすりつける人がいる。

「そんなヤツは本当に不幸だがね。**悪いのは自分じゃないと思っているから、それを**

直す機会も奪われていく」

「そういう人はずっと自分に変化を起こさないで朽《く》ちていくのよ、サヨナラ〜」

う……。なんか責められているようでどんどん肩身が狭くなる。かつて「おまえの魂は喰えん」と龍神に見放された過去を思い出す。

でも、それも自分の責任なんだよな、きっと。

「**人間は『自分のせい』を自覚した時に初めて、『何が問題なのか？（原因）』を考えられるようになるのだ。そして次は失敗しないように『何をすれば失敗しないか？（改善策）』を考え、行動する。それが成長なのだよ**」

自分の問題を自覚して初めてスタートラインに立てる、か。頭を整理する。

自分のせいだと気付かなければ自分を変えようとは思わない。だって、悪いのは自分じゃないんだから、直すところもない。だけど自分の問題だと気付いた時点で自分の変えるべきところ（改善すべきところ）を見つめることができるのだ。そして直すことができる。それが成長。

「『過去のせい、誰かのせい』を捨てた時から人生は好転する」。これは、個人の生き方を重視する意識革命を提唱して世界的に評価されているアメリカの心理学者、ウエイン・W・ダイアーの言葉だ。
まさにガガのいっていることだ、と僕は改めてこの言葉の意味を理解した。

「ガガさん、わかりました。自分の判断に責任を持つ。他人のせいにしない。それが大事なんですね」

僕は納得してひとつ息を吐いた。そして姿勢を正して頭を下げる。

「ゴメン」

僕は素直に謝った。今日だけではない。うまくいかないことを妻のせいにしたことがあったと反省する。するとその様子を見たガガが安心したように口を開く。

「全く人間というのは不思議な生き物だがね。我々龍神はとても疑問に思っているのだよ」

「龍神たちにもわからないことがあるんですか？」

「人間たちの考えることは疑問だらけさ。いいかね」

そういって僕たちに視線を向けてくる。

「多くの人間はこういう。『世界が平和でありますように』と」

世界平和、それは全世界の人々の願いだと思う。

「だが世界全体が平和だったことなど長い歴史で一度もないのだよ。だから、これはとてつもなくデカい願いなのだ。なのにみんな簡単に口にする。『世界が平和でありますように』とな。それなのに」

ガガは言葉を切って少し首を捻る。

「自分のせい、を認めることができんのだ。こっちの方が簡単なのにな」

いわれてみればごもっとも。自分のせい、を認められない人が本気で世界を平和にできるわけがない。龍神様も頭を悩ませるはずだ。そう思っていると、突然ガガが吠える。

「全く、おまえたちがこんなにダメダメなせいで、我は龍神界で肩身が狭いのだよ。しっかりするがね。我のために！」

あ、そこは僕たちのせいですね。この龍神には逆らえない。うん、逆らわない（笑）。

3章まとめ

・誰か一人でも欠けていたらあなたは存在しなかった。親やご先祖様に感謝する
・思い込みに隠された本当の願いに気付けば、叶うのは早い
・やりたいことがわからなくなったら、頭の中をすべて書き出してしまう
・「対人関係」も「対神関係」も基本は同じ。一緒にいたくなる人に龍神も寄ってくる

4

お金サプリメントの章

それでもお金は必要だ。正直なあなたへ

お金を求めない＝それはつまり、やりたいことがない！

「ここまで嫌な感情を捨てて龍神とコンビを組むためのワークをやってきたわけですが、それとは別に質問があるんです」。僕は生徒のように、手を挙げてガガに尋ねた。

「何かね？」

「お金のお願いをしてもいいんですか？」

直球。するとワカも続けた。

「私もよく聞かれるわ。『お金のこと願ってもいいんですか？』『お金が欲しいなんて思ったらバチが当たらないでしょうか？』って。なんだかお金はいけないものだと思っている人が多いみたい」

お金は汚いものとか、お金持ちは人のお金を奪っている悪い人とか。なぜだろう、お金には何かとネガティブなイメージが付きまとう。お金が欲しいと思うことはすなわち、強欲で悪い人に思われるのではないかと、そんな恐れを持つ人もけっこう多い気がする。だけど実際にお金が嫌いな人なんていないと思うんだけど。

トークイベントでこの質問が出ると、僕は決まって「ではお金はいらない、嫌いだという人、手を挙げて」と逆に質問する。何十回とこの質問を繰り返してきたが、今まで手を挙げた人はいない。つまりお金は好きだけど、いけないことだから願わない、そういう人が多いらしい。

「金が欲しいなら欲しいと願えば良いではないか？　それがなぜダメなのだ？」

質問の意味が全くわからん的な顔で、逆に問うてくる偉大なる龍神様に、

「いいんですよね、良かった」

とホッと胸をなでおろした。僕はお金のお願いをする。だってお金は必要だもの。

「日本人は質素を美徳とする傾向がある。それはそれで良いが、金は自分のやりたいことを実現してくれるツールでもある。それを願わないとなれば、その人間にはやりたいことがないのだな、と我々龍神は思うがね」

そういうとガガは、「全く」と息を吐いた。

「その辺も詳しく教える必要がありそうだな」

ありがたい。この世を生きるには綺麗《きれい》事だけでは済みません。しっかりと生きていくための大事なツール、お金さんに関する豆意識《まめいしき》をお届けします。

最速で自分が夢見るお金持ちに近づく方法

「根本的なことからいうがね。日本人は金を欲の象徴のように思っているが、そこからして大きな間違いなのさ」

そういって僕のことを指差しながら尋ねてくる。

「タカや、金はどうやって手に入れるものかね？　答えたまえ」

「お金を得るためには……」

僕は頭を捻る。ふと、最近景気が良くなったＢＡＲのマスターを思い出した。そのＢＡＲは長年ソコソコの売り上げで満足していたのだが、リニューアルオープンしたのをきっかけに新しいカクテルをどんどん出した。

すると、美味しいと評判になり、お客さんが絶え間なく来るようになった。もともと丁寧な接客をする店だったから、お客さんはますます大満足だろう。ソコソコの売り上げからの青天井、羨《うらや》ましい限りだ。

料理店ならば美味しい料理を提供して喜んでもらうこと。料理が美味しければお客さんが増えて儲かるし、マズければお客さんは来ない。だからお金も得られない。

「そうか、**お金を得るということは、他人を喜ばせることとイコール**なんですね」

「ほう、やるじゃないか。正解だ。そもそも金は奪って増やすものではない。我々にとって『金が欲しい』という願いは『他人を喜ばせたい』という願いとイコールなのだよ。**誰かを喜ばせていれば必ず金や他の豊かさが返って来る。**誰も喜ばせてないから金がないのさ。欲しけりゃさっさと誰かを喜ばせたまえ」

相変わらずのガガ節だ。だが、お金を望むのは他人を喜ばせたいと同じ意味。なるほど、そう思えばお金を欲することに抵抗もなくなる。

「前に、お給料制のサラリーマンでも仕事で誰かを喜ばせたら必ずお金が回ってきますよ、ってアドバイスをしたの。多くの人が会社で実践してね、ボーナスが上がったのよ。主婦なら旦那さんに親切にする、喜ばせる。それが基本」

ワカがカラリという。いわれてみればシンプルにそういうことかも。だって、喜ばせてもらったら、お返しをしたいと思うのが人間だもの。

「だから金の願いもノープロブレムさ。ただし、金がやってきたらちゃんと活用したまえ。金はケチケチと縛られることを嫌がるからな。……ややや⁉」

ガガが突然何かを思い出したかのように雄たけびを上げた。

「ところでタカや、いいかげん我のまんじゅうを作るがね！」

「こないだ作ったじゃないですか」

僕はコンビニで買った肉まん（形が似ているからいいだろうと思った）の袋にガガの絵を描いたのだ(直接描いたら食べられなくなるので袋で勘弁して欲しい)。しかし、

「我の顔が描かれたまんじゅうがいいのだ！」

龍神様、なぜそんなにまんじゅうにこだわる。

「だけど僕たちは絵入りのまんじゅうは作れませんよ。業者に頼むしかありません。お金もかかるし、大変なんですから」

「ふん。ではおまえたちが早く金持ちになればいいがね。我の要求を速《すみ》やかに実行に移せること。それが我の願いなのだ」

「付いてる人間に金持ちになれと急かす龍神様……。なんか変な感じですね」

ガガはやっぱりおもしろい。

「しかしまあ、一口に金持ちになりたいといっても我々には届きにくいのだよ」

「ええと、じゃあどうすれば届くんでしょうか？」

僕は困惑して聞いた。すると僕の様子を察したようにガガが続ける。

「つまり我々は具体的なことを聞きたいのだ。**ただ『金持ち』といわれても人間によって望むものはそれぞれ違う**からな」

ガガによればこうだ。一口にお金持ちといってもお金持ちの定義は人によって異なる。

銀行口座に100万円あればお金持ちという人もいれば、ロールスロイスを所有するのがお金持ちという人もいる。週に一度家族で外食できればお金持ちという人だっているし、自家用ジェット機を保有しなけりゃお金持ちとはいえないよ、って人もいるだろう。

一口に「お金持ちになりたい」といわれてもその人がどんな環境を望んでいるかがわからなければ、龍神だって動きようがないのだそうだ。

「うーん、いわれてみれば。人によって望む環境は違いますもんね」

僕は腕を組んで唸る。そんなこと考えもしなかった。

「それが願いが叶わないといっているヤツの、一番の原因だがね。長く人間たちを見てきて我は気付いたのだよ。反対に成功者といわれているヤツは、例外なく自分なりの金持ちの定義を持っているのだ。良いかね？　例外なくだ」

「さすがガガさんですね、頼もしい！」

僕が感嘆の声を上げると、隣でワカがボソリとつぶやいた。

「調べて分析したのは黒龍さんに決まってるでしょうが」

あ、そういうことか（笑）。でも、ここはガガを乗せておこう。

「んじゃ、ここは**『お金持ちの定義を決める』というワーク**がいいわね」

ワカの言葉にガガも同意した。

「良いがね！　我も今それをいおうと思っていたのだよ」

ホントに？　思わず含み笑いしてしまう僕。

「それにな、金持ちの定義を決めると更に良いことがあるのだよ。どうだ、聞きたくないかね？」

「そりゃもう！　ぜひ私たちに教えてくださいませ。はは〜」

と僕たちは手を合わせる。

「よろしい。いいかね、**金持ちの定義を決めればそのために何が必要かがわかる**」

「ロールスロイスがあればいいのであれば、その値段とか、環境を整えるために必要な年収とかですね」

「さよう。ただ単に1億円欲しいといわれても何のために使う金かがわからなければ龍神も、神様もやる気にはならん」

「それに今の自分がお金持ちの環境までどのくらいの位置にいるかもわかりますしね」

「そうなのだよ。定義を決めて金額を出してみたら意外と『おや？　この定義なら今の環境でも充分自分は金持ちだな』と、気付くこともあるがね」

それを聞いて僕は早速、プリント入りまんじゅうを作ってくれる店を探した。けっこう安く作ってくれるらしい。これならなんとかなりそうだ。ガガの定義では、僕たちはもう充分お金持ちということになる。この龍神、意外と安かった（笑）。

「さあ、我の願いを叶えるためにも早く金持ちになるがね。我をまんじゅうに！」

このことはしばらくガガには黙っておこう。うん、それがいい。

お金持ちの定義を決めるノート（例）

お金持ちの定義

年収800万以上で、ガレージにベンツを持っている。

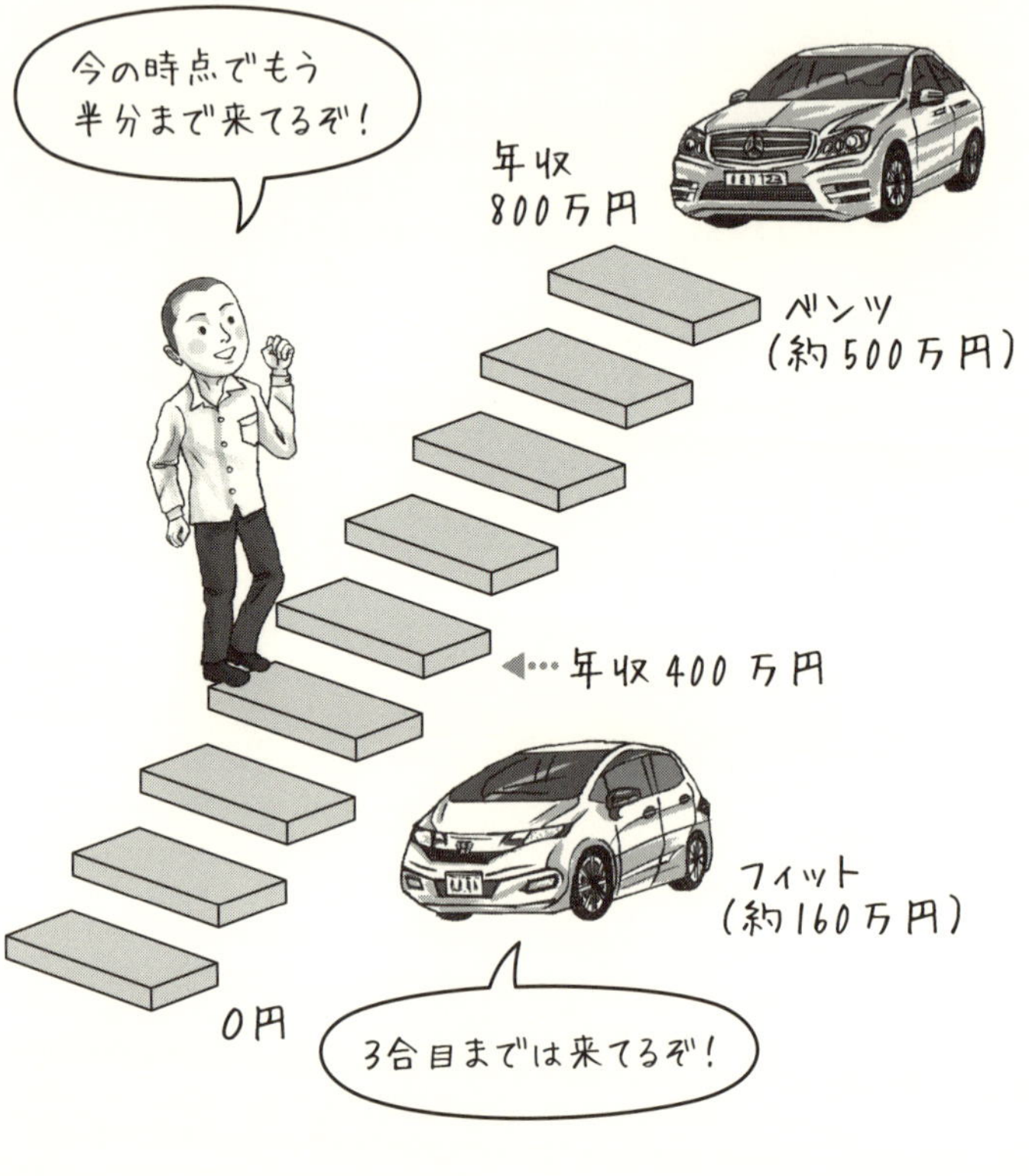

☆POINT：
すでにこの辺まで来てるんだ！　あとどのくらいがんばればいいか？
もしくは、今のままではダメだなということを意識する。

お金持ちの定義を決めるノート

お金持ちの定義

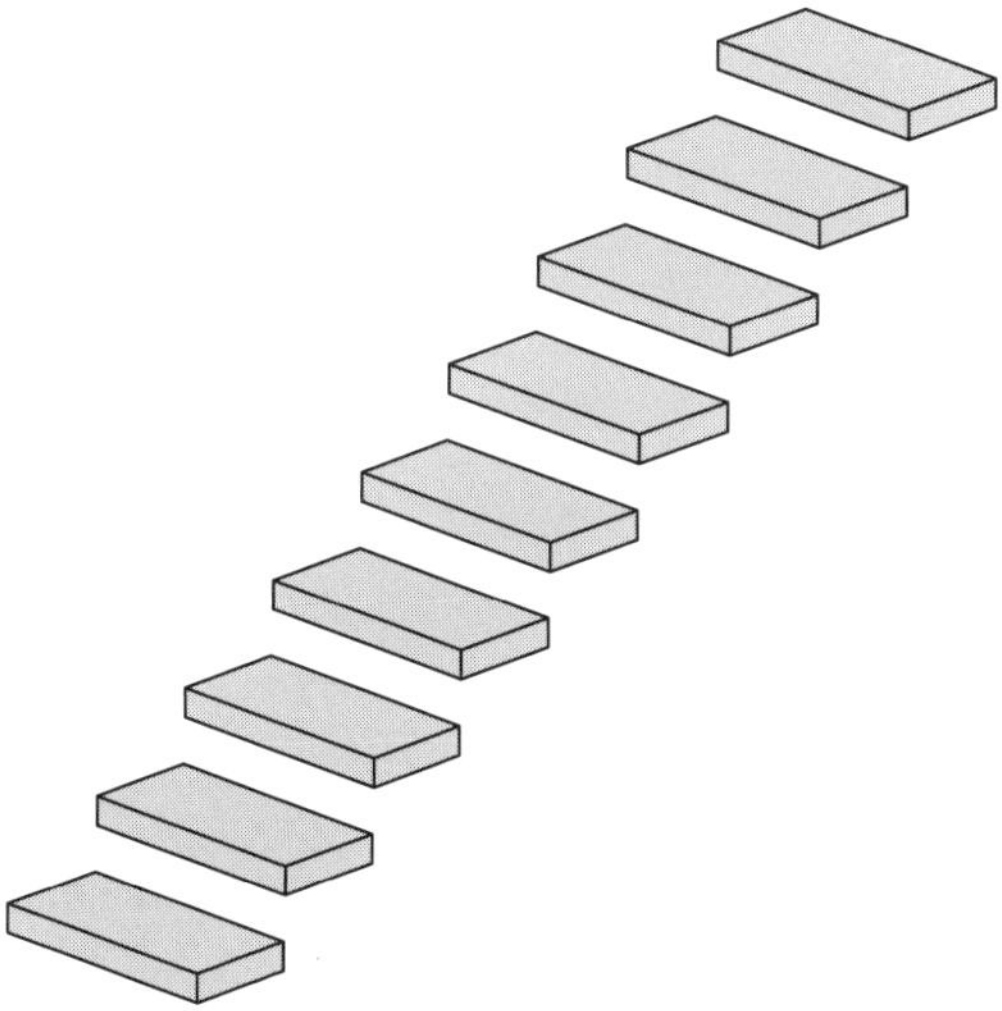

お金の力を最大限に生かすのは、こんな使い方

「ガガ先生。お金持ちの定義を決めて具体的な目標ができたところで、日々のお金の使い方についてアドバイスをお願いします」

「良かろう」

ぜひ聞きたい。僕は目を輝かせてガガを見つめる。まあ、見えないんだけど。

「やったことが戻ってくる『世の中の法則』を思い出すがね。なぜなら、それは金にも当てはまることだからだ」

「それはつまり、お金を人のために使えば、自分のためにお金を払ってくれる人が増えるということですか？」

素直に考えればそういうことなのだろう。

「その通りさ。**気持ち良く金を使うヤツには気持ち良くまた金が入るというシステムがある**のだ。これはなぜかと聞かれても、そう決まっているからだとしかいえんがね。リンゴが木から落ちるように当然で、太陽が昇って沈むくらい自然なことだ。ただそ

れでも強く理由を問われたならば、金にも意識があるということだろうな」

「お金に意識が？　あるんですか？」

それはちょっと驚きだ。もし、自分がお金だとしたら……、と僕は頭の中で想像を膨らませる。自分の価値を存分に認めてくれる人、自分の働きを喜んでくれる人のところに行きたいと願うことだろう。

僕は会社員時代を思い返してみる。かつて入社したてだった僕は、期待もされずになかなか結果が出せずにいた。ある上司が「彼を現場に回そうか」といったそうだ。しかしその時「いえ、彼は僕が育てますから」と開発部に引っ張ってくれた人がいた。僕はその人の期待に応えようと必死にがんばった。そして結果を出し、ゲーム機部品の製品設計者として大成功することができたのだ。

もしもそれと同じなら、**お金だって自分のやる気を出してくれる人のもとに行きたいに違いない。**そして自分の働きが多くの人の喜びになってくれたら……。

「なるほど。他の人のためにお金を使うって、そんな意味も含まれるんですね。自分の働きでたくさんの人が喜んでくれたら、自分の能力が認められたと感じます」

僕は顔を上げてハッキリいった。僕もそうだったから。

僕の回答に満足したのかガガが続ける。

「それに金は噂話が好きだからな。そういう話はすぐに広まるのだよ」

お金の噂話。想像するとなんか可愛い。小銭が財布の中でゴニョゴニョ会話している。「あの人、私の価値をわかってくれて気持ち良く使ってくれたの。またあの人の財布に戻りたいわ」とか、「あのじいさん、なかなか僕に活躍の場をくれないからもう二度と行きたくないよ」とか（笑）。

そんなことを考えているとお金も気持ち良く使ってあげなきゃと思うようになるから不思議だ。僕はいった。

「ガガさん。お金を気持ち良く使う訓練をしましょうよ」

するとガガは顎をさすりながら、ふうむと考え込んで黙る。悪くないと思うんだけどな。実体験で金回りが良くなったし。採用してくれないだろうか。

僕が期待を込めて見つめていると、

「ガガさん、私の意見を申し上げてもよろしいでしょうか？」

ふいに黒龍の声が響いた。これは頼もしい。

「まあ良いがね。我の考えの前に述べてみたまえ」

黒龍は僕たちの方へ視線を向けてくる。

「まず人間がお金を使う目的ですが、これは分類することができます」

「食費とか、交通費とか……。そういうことですか？」

僕は意味を呑み込めずに聞き返す。

「もっと大きな括《くく》りで構いません。人間がお金を使う目的は大きく3つに分けられます。**『消費』『投資』そして『浪費』**です」

そういうと僕たちの顔を見回してから話を進める。一つひとつ確認してくれるところがありがたい。

「**『消費』は毎日の生活に必要なこと。**食費や水道光熱費、日用品費などがここに含まれます。通常、これが一番大きな割合を占めるでしょう」

ふむふむ。消費は生活に必要な……、僕は黒龍の言葉をしっかりメモる。

「次に**『投資』は、将来の自分の知識や能力、財産を増やすために必要なお金**です。勉強のために本を買ったり、英会話教室に通ったり。美しくなるために美容室へ行くのだって立派な投資といえるでしょう」

僕たちは会社を辞めてから勉強のために本を読んだり、会いたい人に会いに行ったり、講演会を開いたりと直接実益にならないことをやってきた。けれどそれも立派な投資だったというわけだ。

「そして**最後が『浪費』**です。これは**払ったお金よりも将来にわたって得るメリットが少ないもの**をいいます。見栄を張るために高級品を買ったり、身体を鍛えようと健康器具を買ったけど全く使っていないとか。それが浪費です」

「じゃあ、タカが使ってる育毛剤は？」ワカが尋ねる。

「それは浪費です」黒龍即答。

このくだりは必要だろうか？　と僕は首を傾げる。

つまり、と僕は気を取り直して話を戻した。

「浪費が多い人はお金を有効に使えていない。お金としては、自分の価値を認められていないと感じるということでしょうか」

払ったお金よりも得るものの価値が低ければ、お金も「え、私ってその程度の価値に見られてたの？　舐《な》められたもんね」となるだろう。お金は浪費されるのを嫌がる。

じゃ、浪費が少なくなるように改善すればいいじゃないか。僕の場合は、まずは育毛剤をやめる……いや、これは投資だ。誰が何といおうと投資なのだ。

「自分の出費を見返してみて、それぞれ『消費』『投資』『浪費』のどれにあたるかをチェックしてみる。そして『浪費』と感じる出費を減らしていけばいいんですね」

黒龍が笑う。

「はい。その通りです」

「我も今そういおうと思っていたのだよ」と、どこかで聞こえたような気がした。

お金の使い方は自由です。自分で、これに使いたいと思うものは投資と考えて良いでしょう。そしてお金と交換できるのは物だけじゃありません。心地良い空間も、美味しい食事も、大好きな家族に使うことだって立派な投資です。

僕は美術館に行ったり、旅をしたり、舞台を観たり、体験にお金を使うことが多いです。あ、あと神様へのお賽銭《さいせん》も（笑）。

「体験として残った思い出はなくなりませんし、壊れません。思い出はあなたの人生を豊かに彩ってくれるでしょう」

黒龍の言葉に、ガガも満足したように頷いた。

お金は自分や誰かを喜ばせた証。いわば喜びのエネルギーが詰まっています。そのエネルギーをどんどん回して、喜びの循環を作りましょう。

お金の力を最大限生かすノート（例）

項目	金額	コメント	内訳
光熱費	20,000円／月		**消費**・投資・浪費
趣味	20,000円／月	楽しくて明日への活力になる！	消費・**投資**・浪費
資格テキスト代	20,000円／月		消費・**投資**・浪費
友達とランチ	10,000円／月	付き合いで行った 断りたい時も	消費・投資・**浪費**
ブランドのバッグ	50,000円／月	見栄で買ってしまった	消費・投資・**浪費**
食費	50,000円／月		**消費**・投資・浪費
育毛剤	5,000円／月		消費・~~投資~~・**浪費**
			消費・投資・浪費
			消費・投資・浪費
			消費・投資・浪費

これを見て感じたことを書いてみましょう

- 見栄だけで買ったブランドのバッグはいらなかった
  私は本当はもっとシンプルなバッグが好みだから
- 行きたくないランチには2度に1度は断る勇気を持とうと思った

☆POINT：
お金は自分のことを有効に使ってくれる人のところに集まってきます。
浪費を少なくして、自分への喜びに投資できるようにしていきましょう!!

項目	金額	コメント	内訳
			消費・投資・浪費
			消費・投資・浪費
			消費・投資・浪費
			消費・投資・浪費
			消費・投資・浪費
			消費・投資・浪費
			消費・投資・浪費
			消費・投資・浪費
			消費・投資・浪費
			消費・投資・浪費

これを見て感じたことを書いてみましょう

4章まとめ

・龍神へのお願いはお金のこともＯＫ
・お金持ちになりたければ、自分のお金持ちの定義をハッキリさせること
・「消費」「投資」「浪費」に分ければ、お金の力を最大限利用できる

5

心のとん服薬の章

傷ついても立ち上がるための心の回復術

みなさん。ここまでお疲れ様でした。

「みそぎ」「癒し」の章で、龍神を受け入れる土壌を作り、「加速」の章では龍神とコンビを組み、後押しを受けるためのワークを行いました。「お金」の章では、お金の豆意識も学びました。

もしも、**タイミングが良くなったり、小さなラッキーが降ってきたりすることが多くなったと感じたならば、それが龍神の後押しを受けられるようになった証**です。がんばりました、おめでとうございます。

しかし、人間はちょっとしたことで傷ついてしまう生き物です。誰かの言葉にショックを受けたり、裏切られたり、大切な人と別れたり。

ですから最後に、もしも心が弱くなってしまった時のためにとん服薬を用意しました。

このワークを心のどこかにそっとしまっておいてください。もしもの時の痛み止めのような感覚です。これを覚えておけば、辛くても悲しくても、どんな状況になっても、きっと龍神との絆を強く保つことができます。

「ガガさん、こんな感じでよろしいですか?」

そういって僕は視線を向けた。

「もちろんだがね。任せたまえ」

僕の視線の向こうでガガが頷いた。心なしか穏やかに思える。

「いっただろう？　我々龍神は長く人間を見てきたのだ。多くの人間はちょっとしたことで傷つき、あっけなく挫折する」

人間は弱い生き物だから。僕は過去を思い返した。

「しかしだ、挫折とは自らやめてしまうことを指すのだよ。いくら失敗してもあきらめなければ挫折にはならんがね。そして**成功しているヤツはみんな、あきらめずに立ち上がり、行動し続けるための『心の回復術』を知っていた**」

「心が強くなれば、なんでも乗り越えられるような気がします」

強い心とまた立ち上がれる力、人間はみんなそれが欲しいのだ。話を聞きたくて、僕はガガを見つめた。

「よろしい。準備は良いかね？」

そういうと、偉大なる龍神はニヤリと笑った。

悲しくて悲しくて、もうダメだと思った時は……

「おまえたちが恐れる、心の痛さとはなんだね？」

唐突にガガが尋ねた。どうしたんだろう、いつものように笑えるガガではない。

「ええと、僕は一生懸命やったことを誰にも認めてもらえない時に悔しさを感じます」

正直にいう。すると、ワカも僕に続いてどんどんいった。

「子どもの時の話だけど、仲間外れにされたり、意地悪されたりした時は悲しかったな〜。あと悪いことしてないのに罪を被せられたりさ、誰も信じられない時があったわ」

「あ、わかる。こんなことで？　ってことにも傷つくんだよね、子どもって。あと僕は大事なオモチャをなくした時も辛かった」

ガガは黙って聞いている。

「それをいうなら初代の猫が死んだ時よ、あの夜は目が腫れるほど泣いたもん。涙があとからあとから溢れてきてさ」と、ワカ。彼女は相当本気で泣く。

「でも龍神はワクワクする魂が好きなんだよね？　じゃ、一時的にでもこんなふうに弱くなっちゃった人は嫌われるのかな？」

ワカが恐る恐るガガに聞いた。表に出しはしないけど、彼女もきっと傷は多い。

それを聞いて、ガガは長いため息を漏らした。空気が静かに動く。

「泣くがいいさ」

へ？　呆気に取られる僕たちを無視して、ガガは続けた。とても穏やかに。

「そんな時は泣くのだよ。好きなだけ、ただ泣くのだ」

思いもよらぬ龍神の言葉に、僕たちは何もいえずにいた。

「ワクワクする魂とは、言い換えれば感動できる魂のことだ。では『感動』とは一体何か」

感動？　改めて考えるとなんだろう。たとえば僕は、スポーツが好きだ。スポーツに感動は付き物で、良い試合や忘れられない名シーンでは「感動」する。クライマックスを迎えると、興奮が極まって、知らないうちに泣いていることがある。昔、横綱貴乃花が優勝した時に小泉首相が「感動した！」と叫んだことを思い出す。前日の取り組みで大怪我をしたにもかかわらず、千秋楽に強行出場し優勝を決めたあの雄々しい姿に僕も心が震えた。あ、そうか。じゃ、感動ってきっと……。

「心が大きく動かされること。たぶん、それが感動だと思います」

「その通りだ。感情とは心の顔さ。心の顔はコロコロ変わる。喜び、悲しみ、驚き。恥ずかしさや恐怖さえも必要な顔なのだよ」

「じゃあさ。悲しくて泣くのも、恐くて取り乱すのも」

ワカが小さな声でうかがうように聞く。その言葉に反応するようにガガが核心を突いた。

「さよう。立派な感動さ」

そんなことも感動だなんて、僕はこれまで考えたこともなかった。

「心が痛むヤツはちゃんと感動できる心を持っているのだ。しかし、いつも陰の感情だけではいかん。泣き終わったら、修正するのさ。傷は消えんがそれはおまえがちゃんと感情に向き合った証だがね。そして陰の感情を動かして、陽の感情に変換していく。自分の意思で変えるのだ、そこに大きな意味がある」

思いもしなかったことだ。ネガティブな感情はダメだと勝手に決めつけていた。ポジティブに考えなきゃ、ワクワクしなきゃ、そう考える自分がいた。周りの人にもワクワクしないと龍神は付きませんといってきた。もちろんそれはそうなんだけど、それはネガティブな感情を全否定するものではなかったのだ。**そういう感情も全部受け入れて、落として、流す。怒りかもしれない、涙かもしれない、でもそれはその時に一番相応《ふさわ》しい気持ちとして出てくる**のだ。

そして、いつしかすべての気持ちを出しきったら、今度はそこから自分の意思で一歩を踏み出す。傷を隠すのではなく、傷を戦った印《しるし》にして。陽から陰へ。そして陰から陽へ。その繰り返しがきっと感動。

「つまり、**ネガティブな気持ちも悪いことではない**んですね」

姿は見えないけれど目の前にいるであろうガガの顔を、僕はまっすぐ見ていった。

「当然だろ。冬があるから春がうれしく、嵐があるから晴天の日がありがたいのさ。わかりやすいところでいえば、おまえたちのネガティブ思考は実に良い感動を生むがね」

「え？　私たちそこまでネガティブじゃないと思うけど？」

ワカが不思議そうな顔で聞いた。

「なぜならおまえたちは稀《まれ》に見る心配性だからだ」

ドキッ。目を逸《そ》らすワカを逃がさずに、ガガが言葉を投げる。

「本が売れなかったらどうしよう。講演会に来てくれた人をガッカリさせたらどうしよう。いつもそんな心配をしているがね」

「だってそれはさ、出版社や来てくれる人をガッカリさせたくないじゃない。だからそうならないように私たちはさ……」

慌てて取り繕《つくろ》うワカの言葉に、ガガはガハハと愉快そうに笑った。

「慌てるな。我がいいたいのは、その気持ちが大事ということだがね」

意味を呑み込めずにいる僕たちを諭すように、ガガが続ける。

「おまえたちは心配だった。だからその心配を払拭《ふっしょく》するために、精一杯動いた。おもしろい本を作るために勉強した。たくさんのアイディアを出した。満足される講演になるように思いつくすべての対策を練った。練習した。その結果、成功した」

「ちょっと！　内部事情をばらさないでくれる？」

「黙れ。**心配というネガティブな感情を原動力にして動いたからこそ、成功した時に大きな喜びが生まれた**のだよ。**この高低差が人生に大きな感動をもたらす**のだ」

なるほど、感情の高低差が感動を生んだわけか。確かに、どんなに落ち込んでも、立ち直れる瞬間が必ずあった。そして、立ち直った時は前よりも強くなっていた。

「大事なのは、辛い時はどんな感情でも受け入れることだがね。大切なヤツがいなくなったら寂しいがね。愛する者が死んだら悲しいがね。悲しい、悔しい、恐い。ネガティブな感情をそのまま受け止めろ。泣いてもいいのだ、怒ればいいのだ」

僕はここで、初めてガガが発する熱を感じた。ひょっとしてこの龍神は僕たち人間のことを心底愛しているのではないだろうか、初めてそう思った。すると、なんだか胸が熱くなってくる。ジンときた。

「無理に抑え込む必要は、ないんですね」

「ない。**抑え込めば余計に苦しくなるだけだがね。ただし周りに迷惑をかけるな。なんのために龍神がいてこのノートがあるのだ？　我々がいくらでも聞いてやる**」

「なんかガガさん、カッコいいです。僕、ちょっと今感動してます」

僕は心からいった。本当は僕も辛い時があった。でも、泣いたりするのは恥ずかしかった。大人だから、男だから。でも、いいんだ。そんなふうに思える自分がなんだか愛《いと》おしかった。

「我は人間が羨ましいがね。魂だけではわからぬ喜怒哀楽を、肉体を持つが故に体験できるのだからな。心の顔を大切にしたまえ」

小さく風が起こる。ガガの気配がスウーッと消えた。

龍神にありがとう。手紙で気持ちを伝えよう

「タカさん。不安を解消するワークですが、私にひとつ提案があります」

黒龍がいった。何かいいアイディアが浮かんだようだ。

「人間社会を観察してわかったことがあります。それは人が不安を抱えている時、多くの人が『自分は一人』『味方なんて誰もいない』と感じているということです」

なるほど。黒龍のいうことはわかる気がする。不安になると、人は孤独を感じるものだ。理解してもらえない、苦しい気持ちをわかってくれない、誰も味方はいない。そう感じて寂しくなる。

「ですが考えてみてください。本来、本当に一人の人なんて誰もいないのです。日本にはたくさんの神様がいて産土神《うぶすな》がいる。氏神様だっています。いえ、神様だけじゃありません。守護霊や補助霊だってちゃんとチームを組んでそばにいてくれているのです」

僕は思いを巡らせてみる。僕が初めて神様を感じたあの瞬間。

子どもの頃、祖父母の家の大きな神棚の前で「神様いるならバチ当ててみろ〜」とパンツ一丁で神様をバカにして踊ったあの日（ホントです〈汗〉）。直後、僕は高熱を出して倒れた。布団の中でうなされながら、これは神様が僕にいることを証明しようとしているのだと感じた。神様は絶対にいる。見えない世界は絶対にある。あの時、僕はそう確信した。

そして「ごめんなさい。神様がいることはわかりました。もう絶対に疑いません」と強く心に誓うと、不思議なことにスーッと熱が下がって僕は元の体調に戻ったのだ。

それからというもの、僕は身近に神様やご先祖様がいてくれるとずっと思ってきた。「近くに僕を見守ってくれている存在がいる。そう感じるだけで寂しい気持ちは薄らぎ、心強くなる気がします」

それは僕がずっと感じてきたことでもある。

「そうです。誰も一人ではありません」

僕たちもいろいろな質問をもらうのだが、周りの人や環境に対する不満がけっこう多いような気がする。

夫の借金が多くて困る、ギャンブルをやめられない、同僚が意地悪をする、近所付き合いがうまくできない、姑との関係が悪い、などなど。

そして「誰も私の辛い気持ちをわかってくれません」となるのだ。

「それは当然です。だって人の心の中は誰もわかりませんから」

黒龍は静かに語り続ける。

「ですが、**自分の心はわかります。その心に忠実に動くことで周りの人にも、そして私たち龍神にもその意思が伝わるようになる**のです」

「自分が苦しいこと、悲しいこと、辛いこと。それを隠して生きていれば、周りの人にはますます伝わらないのは当然よね」

ワカが頷いた。

「夫の借金に困っているのであれば、それをまず夫にいえばいいのです。自分が好きなことを我慢して節約しようとすれば夫も、そして龍神も『こいつは自分が好きなことをするよりも夫がお金を使う方を優先するんだな』と思います。極端な話、あなたが好きなことにお金を使ったら夫も現実に気付くかもしれません」

そりゃ確かに極端だ。でも、単純でわかりやすい。

「同僚が意地悪をしたなら、それは嫌だと主張すればいいのよ。やらなきゃ舐められるんだからさ。近所付き合いができなければ、いっそのこと付き合いをしなきゃいいじゃない。ただし、助け合う時に除《の》け者にされても文句はいえないけど」

ワカがケラケラと笑いながらいう。さすが、ワカらしい考えだ。だけど、

「みんなワカみたいじゃないし、そういう行動を起こすには勇気がいりますよね。人は恐がりな生き物ですし」

僕は過去を振り返りながらいった。

人は子どもの頃から親や学校の先生からいわれたことをしないと「ちゃんとしなさい」と叱られる。だから**知らず知らずのうちに自分の気持ちを殺して周りに合わせるように動いてきた。**特に優等生であればあるほど。そう、僕のように。

そう思いながら一人で納得してうんうん、と頷いていると、

「ですが、仲間と一緒に勇気を持ってできたこともあるはずです」

黒龍が優しく僕を見つめてきた。

そうだ。僕も小学校で「自転車で学区外に行ってはいけません」と教えられた。行きたいのを我慢していた。だけどある時、友達とこっそり遠くまで自転車を走らせてみた。青い海を横目に気仙沼の岸壁沿いを一生懸命に南へ向かって自転車を漕《こ》ぐ。潮

風のにおいが冒険の気持ちを更に掻き立てた。校則を破っている自分にドキドキした。でも、その鼓動がいつの間にかワクワクに変わっていた。気持ち良かった。楽しかった。仲間と見た海の色、潮風のにおい。ウミネコの鳴き声。あの気持ちは今でも覚えている。思い出すと、ああ心に正直に行動するって気持ちいいかも、と思う。そしてそれは、仲間がいたからできたことだった。

「ですから私たち龍神がそばにいることを感じてくれれば、心強くなりませんか？ 私たちはいつもその人のそばにいるんです」

「じゃあ最後は、**龍神をそばに感じてもらうためのワーク**がいいと思います」

僕がいった。我ながらナイスアイディアだと思う。すると、

「それはいいがね。我もそれをいおうと思っていたところなのだよ」

ガガが突然声を上げた。どこまでも憎めない龍神様である（笑）。

「ねえ、ワカ。龍神様に手紙を書くというのはどうかな？」

「それはいいわね。私、ガガにいいたいこといっぱいあるのよ」

「なに!?　我に文句があるというのかね！」

ガガ激高。

「そりゃあるわよ。私の安眠を妨害するし、ガーガーうるさいし、あとは……」

文句、あるんだ。僕は思わず笑ってしまった。

「なにー？　我だってタカに文句があるがね。一体まんじゅうはどうなったのかね！」

と、まさかの飛び火。

「なんで僕にくるんですか」

不毛である。相変わらずのドタバタな我が家。そしてその横で黒龍が静かに微笑んでいる（と、思う）。そうか、僕もそうやって龍神や神様を身近に感じているから勇気を持って行動できているんだ。


そこで**最後のワークは「龍神に手紙を書く」**にしました。

これは僕が実践していることなんですが、朝起きると神棚に手を合わせて、

「おはようございます。今日は〇〇さんと打合せがあります。今日も良い仕事ができますよう、良い一日になるようお守りください」

と、今日の予定を報告して、良い一日になるようにお願いをする。

そして、夜は寝る前に、

「今日はおかげ様でいい打合せができました。初めて会った方でしたがとても良い方で、このご縁を結んでいただき、ありがとうございます。今日も良い一日になりました。おやすみなさい」

と挨拶をするのが日課だ。

そうすると自然と神様が身近で守ってくれているのを感じるようになる。当然、不安もなくなり勇気が出る。

そこで**日頃の感謝や、今日あった出来事、良かったこと、悪かったこと、龍神に聞いて欲しいことをおしゃべり感覚でいいので綴ってみましょう。**

短くても箇条書きでも、書きやすい形式で構いません。そうやって龍神を身近に感じることができたならもう大丈夫です。あなたはもう一人じゃありません。

「大きな目標を持つ」「それに向けて行動する」「鼓動を感じる」

それは誰もが簡単にできることではないかもしれない。だけど文句をいいながらもそんな人間に合わせて僕たちと一緒になってガガや黒龍がワークを考えてくれた。

多くの人に「龍神たちとつながって欲しい」、その一心で。

「ガガさん、黒龍さん。ありがとうございます」

僕の心から自然と出た言葉だった。ちょっと照れ臭いけれども。

「ふん。おまえらがダメダメじゃなければ我も苦労はせんがね。早く龍神への正しい理解を広めて我々とコンビを組める人間を増やすのだよ。じゃないと我がまた上司に叱られてしまうのだよ」

「わかりました」「オッケー♪」。僕とワカが同時にいった。すると、

「タカさん、なんか終わりそうな雰囲気になっていますが、最後に私の提案を聞いて欲しいのです。人間の基本は健康から。その健康の手助けになるのが食事。ということで、龍神となじみやすくなる料理をご紹介してはいかがでしょうか？」

「あ、それいいわ！　それは私の得意分野ね」

小野寺家の厨人《くりやびと》であるワカが張り切った声を上げる。

そこで最後の章では僕たちもよく食べる龍神となじみやすい元気な身体を作る料理をご紹介したいと思います。名付けて「龍飯レシピ」です。

ガガさん・黒龍さんへ

ガガさんと黒龍さんが来てくれてから僕たちの人生は大きく変わりました。

正確にいえば変わったのは僕自身の考えなのかもしれないけれど、その機会を作ってくれたガガさんと黒龍さんには本当に感謝しています。

ガガさんはとても楽しい。気ままに振る舞っているように見えて僕たちのことをちゃんと見てくれている。黒龍さんも縁の下の力持ちとして支えてくれています。これは僕が一番感じている気持ちです。

もちろんそれはワカが通訳してくれるから、とかそういうことだけでなく、道で小さな幸運を感じた時、ちょっとした気付きを得た時、「あ、これに気付けたのも龍神様を意識しているからだな」と思えるのです。

龍神とは直に会話することはできません。だけど感じることは誰でもできます。

だから「あ、これやりたいな」と思った時は躊躇なく動けるようになったし、これは違和感があると思った時はストップをかける勇気を持てるようになりました。それはガガさんや黒龍さんが付いていてくれているからという自信があるからかもしれません。日々、そばで一緒にいると感じるだけで心強くなる。信じられるようになる。何を？　そう、自分自身を信じられるようになったんです。

「龍神様を信じるということは結局は自分を信じるということ」

だって、せっかく龍神様が自分のことを認めて付いていてくれているのに、その自分を信じなければ付いていてくれた龍神様に失礼じゃないですか（笑）。

ガガさんや黒龍さんという偉大な龍神様が守ってくれている。それだけで自分の自信につながり、自分の判断や決断を躊躇なくできるようになりました。

僕たちはこれから更に楽しい人生を進んでいきます。だって、ガガさんと黒龍さんがいてくれるんだからそれは間違いないこと。だから僕たちはそれを目いっぱい楽しみます。そしてそのワクワクがまたガガさんと黒龍さんの美味しいご馳走になってくれるとうれしいです。

ありがとうございます。

そして、

これからもどうぞよろしくお願いします。

タカより

5章まとめ

・ネガティブな感情は悪いものではない。すべて受け入れて、落として、流す
・時には自分の心に忠実に意見を伝えてみる。大丈夫、龍神がいつでもそばにいる

第6章

健全な心身をメイキング。季節を感じる龍飯レシピ

「ところで龍神となじみやすくなる龍飯って、具体的にどういう料理をいうのでしょうか？」

僕は黒龍に疑問を投げる。根本的なところを聞きたくなる。

「私たち龍神は自然の存在です。ですから自然の食材をそのまま使った料理が良いでしょう」

「加工していない方がいいんですね」

「そうです。食材の形や色まで実感することで命をいただいている感謝の気持ちが湧いてくるのです。そういう気持ちは龍神も大好きなんです」

日本では食べ物を天と地の恵みと考えた。今でも海の幸、山の幸という言葉を聞くことがあると思う。それこそが日本人の心なのだ。そして龍神もそんな心性にほれ込んだ。

ここでは、妻ワカが考案した龍神となじみやすくなる龍飯のレシピをご紹介します。料理が苦手な僕でも作れる簡単な料理なので、ぜひチャレンジしてみてください。

『妻に龍が付きまして…』1（東邦出版）にも登場 炊飯器任せの黒豆ご飯

材　料（2人分）

米…２合
乾燥黒大豆…２分の１カップ
古代米（黒米）…大さじ２
ごま塩…適量

作り方

❶ 米は普通に研ぎ

黒大豆は水で洗う。

❷ 炊飯器に米と黒大豆を入れ

古代米を洗わずに入れる。

❸ 水を3合の目盛りに合わせて、炊く。

❹ お好みで ごま塩を振っていただく。

水加減は小野寺家の好みで、ふっくら柔らかめに炊き上がります。
お好みで調整してください。

感覚を刺激しよう2
龍神オススメの豆腐の美サラダ

材　料（2人分）

サラダほうれん草…2束
レタスの葉…2枚
プチトマト…5個
ピーマン…2分の1個
黄パプリカ…4分の1個
アボカド…1個
木綿豆腐…4分の1丁
クルトン…適量
お好みのドレッシング…適量

作り方

❶ 豆腐は水切りして

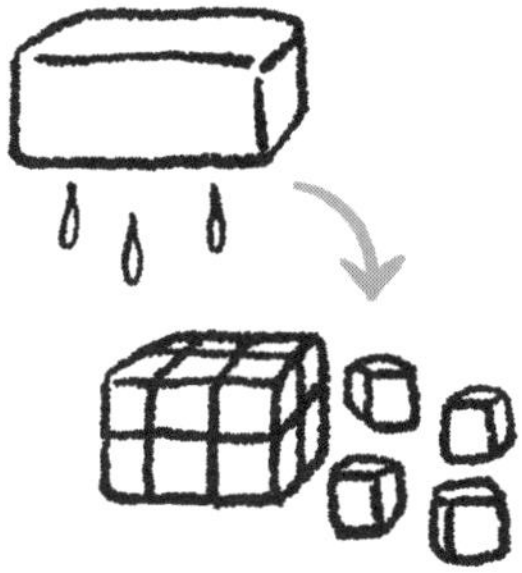

サイコロ状に切る。

❷ 野菜はざくざくカットする。

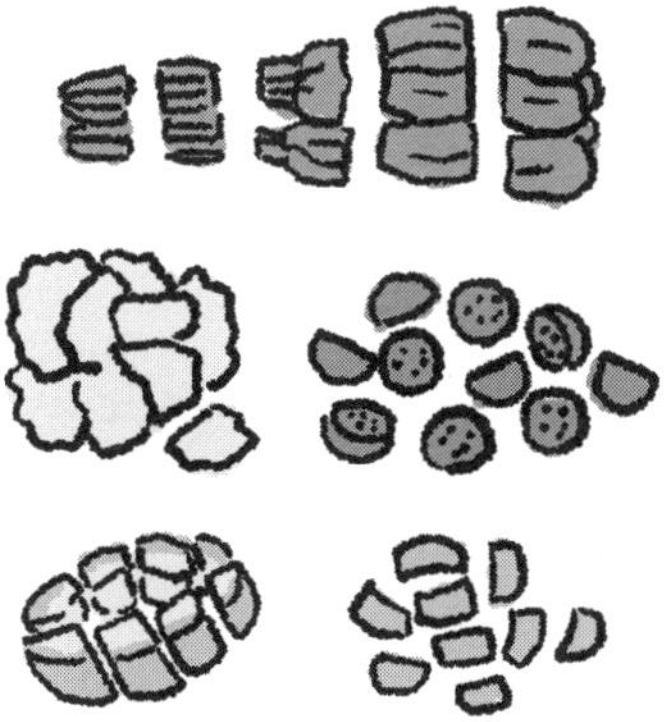

ピーマンだけは種を取って薄い輪切りに。

❸ ボウルに切った材料を入れ

軽く混ぜ合わせる。

❹ 皿に盛りつけてお好みのドレッシングをかけていただく。

海を感じる Sea So Men（シー そうめん） 3

材　料（2人分）

そうめん…2束
乾燥わかめ（水で戻したもの）…30g
しらす…大さじ2
油揚げ…1枚
みょうが…1個
大葉…2枚
カニかまぼこ…2本
刻みネギ、大根おろし…適量
麺つゆ…適量
ごま油…適量

作り方

① わかめは
ざく切りにする。
みょうがは
薄切りに。
② 油揚げは
短冊に切り
オーブントースターで
軽く炙って
香ばしさを出す。
③ ゆでた そうめんを
丼に
盛り
その上に
具を盛り
つける。
④ 麺つゆをかけて
いただく。
お好みで
ごま油を
ひと垂らし
しても美味しい

パワー龍飯 ゴロッと野菜のスープカレー

4

材　料（2人分）

玉ねぎ…1個
にんじん…1本
じゃがいも…2個
鳥手羽元…2本
水…600cc
カレー粉…大さじ1
カレールウ…1片
コンソメ…小さじ2
ドライバジル…小さじ2
はちみつ…小さじ1
塩コショウ…適量
サラダ油（バター）…適量

作り方

1 野菜は大きめにカットする。
2 鳥手羽には塩コショウを振る。
3 鍋でにんじん 玉ねぎ 手羽元をザッと炒める。
バターで炒めるとコクが出てオススメ
4 水を入れにんじんに火が通るまで煮る。
5 煮えたら一度火を止め
じゃがいもと調味料を入れて混ぜ再び煮こむ。
6 じゃがいもが柔らかくなったら完成。
7 素揚げした野菜やゆでたまごをトッピングすると豪華に。
味の調整は塩コショウでお好みに

いかがでしたか？　『悩みを消して、願いを叶える　龍神ノート』。

ＰＨＰ研究所の乾さんからこのお話がきた時、「これだ！」と思ったんです。本で読むだけだとわかった気になるけど、案外それで終わっちゃう人も多いんですよね。

実際に以前、書籍の会議である人から、

「その（ガガの教えてくれる）内容はいろんな人が書いてみんな知っています」

という発言があった時に、ガガにいわれました。

「では、知っているのになぜやらん？　我は人間がやってないから教えようと思っただけだがね。人間とは全く不思議な生き物だ」

みなさんも覚えがありませんか？　僕はありました（笑）。

だから「ノート」という形なら、実際に「書く」ことで、行動に移す大きなきっかけが作れると確信したんです。そしてこのノート術は龍神とだからこそできたもの。その姿は高貴で荒々しく、それでいて人間への愛情に溢れ、時代と共に人間とのかかわり方を柔軟に変えることができる。それが龍神です。

人間は弱い生き物です。ちょっとしたことで傷ついたり、自信を失ったりする。だけどそれも他の動物にはない力なんです。人間以外の動物は自然の習慣に従って行動することしかできません。それが「本能」であり、そこから抜け出すことはできない。でも、人間だけは考え、新しい環境を自ら作り出すことができるんです。自分の運命を自分で決めることができるのは人間だけ。

今、インターネットやSNSの発達で直接コミュニケーションを取る人が減り、うまく生きられない人が増えていると感じます。でもそれは「自分の運命を自分で決められる」という大きな感動を放棄してしまうことでもあります。

とてももったいないことではないでしょうか。

だからこそ、今龍神がブームとなり、再び人間たちの大きな力になろうとしている、そう感じるのです。そんな龍神たちの気持ちにも応えることができる一冊になっていたら幸せです。そして、本書出版にあたり、多くの龍神や関係者の方々にご尽力をいただきました。ここに厚く御礼申し上げます。

平成30年6月

小野寺S一貴

〈著者略歴〉
小野寺Ｓ一貴（おのでら　えす　かずたか）
作家、古事記研究家。1974年8月29日、宮城県気仙沼市生まれ。仙台市在住。山形大学大学院理工学研究科修了。ソニーセミコンダクタにて14年、技術者として勤務。東日本大震災で故郷の被害を目の当たりにして、政治家の不甲斐なさを痛感。2011年の宮城県議会議員選挙に無所属で立候補するが、当然のごとく惨敗。その後「日本のためになにができるか？」を考え、政治と経済を学ぶ。2016年に妻に付いた龍神ガガに導かれ、神社を巡り日本文化の素晴らしさを知る。著書に『妻に龍が付きまして…』『日本一役に立つ！　龍の授業』（以上、東邦出版）がある。現在も「我の教えを世に広めるがね」という龍神ガガの言葉に従い、龍神の教えを広めるべく奮闘中。

【ブログ】「小野寺Ｓ一貴　龍神の胸の内」
https://ameblo.jp/team-born/
【メルマガ】「小野寺 S一貴　龍神の胸の内【プレミアム】」（毎週月曜に配信）
http://www.mag2.com/m/0001680885.html

悩みを消して、願いを叶える
龍神ノート

2018年８月１日　第１版第１刷発行

著　者　小野寺　Ｓ　一貴
発行者　後藤　淳一
発行所　株式会社ＰＨＰ研究所

東京本部　〒135-8137　江東区豊洲5-6-52
第三制作部人生教養課　☎03-3520-9614（編集）
普及部　☎03-3520-9630（販売）
京都本部　〒601-8411　京都市南区西九条北ノ内町11

PHP INTERFACE　https://www.php.co.jp/

組　版　株式会社デジカル
印刷所　凸版印刷株式会社
製本所　東京美術紙工協業組合

ISBN978-4-569-84097-0